KB147450

자비심 일깨우기

Training the Mind and Cultivating Loving-Kindness

by Chogyam Trungpa

Copyright ©1981, 1986 by Chogyam Trungpa

introductions Copyright ©1993 by Diana J. Mukpo

All rights reserved

Korean Translation Copyright © 2013 by bulgyosidaesa

This korean edition is published by arrangement with

Shambhala Publications-Inc. Ltd. sibylle agency, seoul.

이 책의 한국어판 저작권은 시빌 에이전시를 통해 저작권자와 독점 계약한 불교시대사(참글세상)에 있습니다.
신 저작권법에 의해 한국 내에서 보호를 받는 저작물이므로 무단 전재와 무단 복제를 금합니다.

자비심 일깨우기

1판 1쇄 펴낸날 2013년 5월 15일

지은이 초갸 트룽파
옮긴이 김성환
펴낸이 이규만
책임편집 임동민
디자인 우진(宇珍)

펴낸곳 참글세상
출판등록 2009년 3월 11일(제300-2009-24호)
주소 서울시 종로구 인사동 7길 12 백상빌딩 1305호
전화 (02) 730-2500
팩스 (02) 723-5961
e-mail kyoon1003@hanmail.net

ⓒ 초갸 트룽파, 2013

ISBN 978-89-94781-11-2 03150

* 잘못된 책은 교환해 드립니다.
* 이 책은 저작권법에 따라 보호받는 저작물이므로 무단전재와 복제를 금지하며,
   이 책 내용의 일부를 이용할 때도 반드시 지은이와 본 출판사의 서면동의를 받아야 합니다.
* 이 책의 수익금 1%는 유니세프를 통해 나눔의 기금으로 쓰입니다.

Training the Mind
and Cultivating Loving-Kindness

자비심 일깨우기

초걈 트룽파 지음 · 김성환 옮김

참글세상

1% 나눔의 기쁨

자비와 연민을 기르는 법에 관한 초걈 트룽파 린포체(Chogyam Trungpa Rinpoche)의 이 놀라운 책에 머리말을 쓸 수 있게 된 점을 영광스럽고 기쁘게 생각한다.

1981년 이래로 이 책에 포함된 59개의 주제는 내 수행과 가르침의 중심이 되어 왔다. 그동안 나는 이 주제들에 대한 트룽파 린포체의 해설을 거의 매일 같이 숙고해 왔고, 그 가르침들이 내 삶을 변화시켰다고 정확하게 말할 수 있다.

끊임없이 깊어가는 이 탐구를 진행하면서 내가 사용해 온 방법은 트룽파 린포체가 제자들에게 권장해 준 것이었다.

나는 매일 아침 각각의 주제가 인쇄된 카드를 뒤섞은 뒤 한 장을 뽑아서 그날의 주제로 삼는다. 그 다음 이 책을 찾아 린포체가 한 말을 읽어보고, 가끔씩 카드 뒷면에 간단한 메모를 한다. 그리고 나는 하루 동안 그 주제의 의미에 걸맞는 삶을 살기 위해 모든 노력을 기울인다. 때로는 주제를 하루 종일 잊고 지내다가 집으로 돌아와서야 그 의미를 기억해 낼 때도 있지만 대개는 무언가 어려운 일이 닥치면 그날의 주제나 다른 주제가 떠올라 내게 '즉석에서' 가르침을 제공해 준다. 이 가르침은 항상 내 시야를 더 넓게 해 준다. 나는 이 주제들을 활용하면 환경에 단순히 반응하기보다 상황을 더 명료히 이해하며 살아갈 수 있다는 확신을 얻어가고 있다. 정말로 이 수행은 모든 환경을 깨달음의 길로 변형시키도록 도와준다. 가장 힘겨운 역경들조차 점점 더 다루기 쉽게 변형된다. 내가 당면한 문제들에 더 깊이 파고들수록 이 난관들은 나를 더 개방적이고 유연하며, 현명하게 만들어주는 탁월한 스승으로 변모한다.

하지만 여기서 중요한 점은 난관에서 빠져나오기 위해 발버둥치는 것이 아니라 문제에 걸려들었음을 인식하고 주제의 가르침에 따라 대처해 나가는 것이다. 우리 모두는 습관적 사고방식과 전략들을 통해 불난 곳에 부채질을 하면서 단순 반작용으로 일어난 정서를 증폭시키는 데 전문가이기 때문이다. 내 경험에 의하면 이 주제들에 대한 숙고는 이러한 경향성을 누그러뜨려 신선한 방식으로 문제에 대응할 수 있도록 해준다.

나는 이 수행과 스승인 초감 트룽파 린포체에게 한없는 감사의 마음을 갖는다. 심오하면서도 간소한 가르침을 소개해주고 수행하도록 격려해 준 그의 배려에 제대로 보답할 길이 없어 보이지만 린포체가 서론에서 말하듯이 "당신은 책을 읽고 그대로 실천하기만 하면 된다. 이 수행은 엄청 강력하며 크나큰 위안을 준다."는 이 말은 분명 내 개인적 경험과도 일치한다. 여러분도 이 수행을 한번 해보기 바란다. 나는 이 가르침을 가슴 깊이 간직함으로써 많은 사람들이 나와 같은 혜택을 누릴 수 있을 것이라고 확신한다. 당신도 복 받은 사람 가운데 하나가 되기를 바라며……

페마 초드론(Pema Chodron)

이 책은 날란다 번역 위원회(Nalanda Translation Committee)가 번역한 체카와 예셰 도르제(Chekawa Yeshe Dorje)의 《일곱 가지 마음 훈련에 관한 근본 경전(The Root Text of the Seven Points of Training the Mind)》에 초감 트룽파 린포체의 강연 내용을 주석으로 첨부한 책이다. 초감 트룽파 린포체는 티베트어로 《창춥 슝람(Changchup Shunglam, 깨달음으로 향하는 넓은 길)》이란 이름이 붙은 잠곤 콩툴 성하(Jamgon Kongtrul the Great)의 주석서를 중요한 참조문헌으로 활용해가며 이 주제를 가르쳤다. 잠곤 콩툴의 저서는 그가 직접 결집하여 나중에 '다섯 편의 보물(The Five Treasuries)'이라고 알려지게 된 티베트 불교의 근본 가르침 모음집에 포함된 책이다.(트룽파 린포체의 스승인 셰첸의 잠곤 콩툴은 19세기 티베트의 대표적 스승인 잠곤 콩툴의 환생이었다.)

일곱 가지 마음 훈련은 서기 982년 벵갈에서 왕족으로 태어나 인도의 위대한 불교 학자가 된 아티샤 디판카라 슈리즈냐나(Atisha Dipankara

Shrijnana)가 처음 가르친 것으로 전해진다. 따라서 체카와가 모은 주제들의 목록은 종종 아티샤 요결이라고 일컬어진다. 아티샤는 십대 때 궁정 생활을 뒤로 하고 출가한 이후로 그의 큰 스승인 다르마키르티(Dharmakirti, 티베트에서는 셜링파Serlingpa라 부르기도 함)와 함께 인도와 수마트라에서 광범위하게 공부하며 수행했고, 보리심과 마음 훈련에 대한 가르침도 그에게서 배웠다. 인도로 돌아온 아티샤는 한때 잊혀졌던 이 가르침들을 되살리려고 노력하여 불교의 유명한 수도원 대학인 비크라마실라(Vikramashila)에서 잠시 가르쳤다. 그러다가 마음 훈련에 대한 가르침을 티베트에 전해달라는 초대를 받아 서기 1054년경 열반에 들 때까지 티베트에서 약 13년 간 가르침을 폈고, 가장 가까운 티베트 제자이자 카담파(Kadam)의 창시자인 드롬톤파(Dromtonpa)에게 지혜의 정수를 전수해 주었다.

아티샤 요결은 한동안 비밀에 부쳐졌고 가까운 제자들에게만 전수되었다. 아티샤의 가르침을 처음 글로 적은 사람은 카담파의 스승이었던 랑리 탕파(Lang-ri Thangpa, 1054-1123)였다. 이 가르침은 게셰 체카와 예셰 도르제(1101-1175)가 《일곱 가지 마음 훈련에 관한 근본 경전》에 요약해 실은 이후로 더 널리 알려지게 되었다. 게셰 체카와는 가르침을 펴던 도중 우연히 여러 나병환자들과 마주쳤고, 그들에게 이 마음 훈련법을 수행하도록 일러주었다. 전해지는 말에 의하면 그들 가운데 여러 명이 이 수행을 통해 병으로부터 회복되었다고 한다. 그래서 티베트인들은 그의 가르침을 가끔 '나병환자를 위한 법'이라고 부르기도 한다. 체카와는 이 가르침들이 법에 아무 관심도 없는 사람들에게 조차도 혜택

8

을 가져다준다는 점을 알아차리고는 가르침을 더 많은 사람들이 접할 수 있도록 하는 것이 좋겠다고 판단했다. 이렇게 해서 마음 훈련에 관한 아티샤의 가르침들은 수세기에 걸쳐 현재에 이르기까지 티베트 불교의 모든 주요 종파에서 수행되기에 이르렀다.

《일곱 가지 마음 훈련에 관한 근본 경전》은 59개의 주제로 이루어진 경전으로 대승불교의 교리와 그것의 실천적 적용 방법에 관한 지시사항을 함축적으로 요약해 놓은 글이다. 이 주제들을 대상으로 한 탐구와 수행은 자아에 대한 집착을 상쇄시키고 온화함과 자비심을 기르는 아주 실용적이고 현실적인 방법이다. 이 글귀들은 규칙적으로 명상을 수행하고 일상의 모든 사건을 깨어남의 도구로 활용함으로써 우리의 마음을 훈련시킬 수 있도록 도와준다.

이 책은 수년에 걸친 가르침과 대화 내용을 편집하여 한 권으로 묶은 것이다. 비디야다라(Vidyadhara)는 1975년 바즈라다투 학교(Vajradhatu Seminary, 1973년에서 1986년에 이르기까지 매년 3개월에 걸쳐 실시된 13가지 고급과정 가운데 하나)의 세 번째 강좌에서 처음으로 카담파의 주제를 바탕으로 한 대승불교의 가르침을 소개했다. 그리고 이후의 강좌를 통해 마음 훈련의 이론과 수행법을 더 정교하게 가다듬었다.

주제를 바탕으로 한 마음 훈련에는 명상과 명상 후 수행이라는 두 가지 단계가 있다. 티베트에서는 명상 수행을 통렌(tonglen), 즉 보내고 받아들이기라고 부르는데, 이 수행은 "보내기와 받아들이기를 교대로 수행해야 한다. 이 둘은 호흡을 타고 흐른다."라는 일곱 번째 주제에 기반을 둔 것이다. 트룽파 린포체는 공식적인 통렌 수행을 1979년 고급 강좌 학생들에게 소개한 뒤, 이 수행을 매일 하는 명상 수행에 통합시키도록 격려했다. 또한 그는 주제의 가르침을 바탕으로 일상의 모든 측면들을 명상적 태도와 결합시키는 수행을 하라고 학생들에게 권고하기도 했다.

트룽파 린포체는 자신의 제자들에게 가르침을 펴면서 형상 없는 명상, 즉 알아차림과 자각을 계발하는 수행이 모든 수행의 기반이라고 거듭 강조했다. 그리고 처음에는 이미 좌선 경험이 많고 불교의 가르침을 깊이 공부한 상급의 학생들에게만 통렌 수행을 전수해 주었다. 이런 조건 하에서 마음 훈련에 대한 탐구와 수행을 진행하면 이 가르침들을 단순히 교훈적이거나 개념적인 것으로 받아들일 위험이 줄어들었기 때문이다.

하지만 나중에는 학생들이 다른 사람들의 이익을 위해 자신의 삶을 헌신하겠다는 보티사트바 서원을 받아들일 즈음부터 통렌 수행을 소개해주기 시작했다. 그리고 시간이 가면서 보다 다양한 환경에 통렌을 도입시키기에 이르렀다. 콜로라도 보울더에 있는 불교 대학인 나로파 대학(The Naropa University)은 통렌 수행을 임상심리 프로그램에 포함시킨다. 또한 이 수행은 나로파 대학에서 열리는 불교와 기독교의 대화에 소개되기도 한다. 티베트어로 다툰(dathuns)이라 불리는 한 달 간의 집중 명상에 참여하는 사람들은 이제 정식으로 통렌 수행을 소개받으며, 더 강도 높은 훈련을 원할 경우에는 전문적인 통렌 다툰에 참여할 수도 있게 되었다. 통렌은 병자들을 위해 한 달에 한번 열리는 명상 프로그램과 바즈라다투 장례식에서도 행해진다.

우리는 통렌 수행을 통해 우리의 습관적 태도가 그 가장 사소한 몸짓에서조차 이기적 성향을 드러낸다는 점을 깨닫기 시작한다. 이런 성향은 매우 깊게 뿌리박힌 것으로 우리의 모든 활동에 영향을 미치며, 심지어 자선행위에조차 영향력을 행사한다. 통렌 수행은 이 같은 습관을 정반대로 뒤집는 수행으로서 자신 보다 다른 사람을 먼저 생각하는 훈련에 바탕을 두고 있다. 친구로부터 시작해서 아는 사람들로 범위를 넓히고, 종국에는 우리의 적에게까지 다가가서, 다른 사람들을 받아들이고 그들에게 이로움을 베풀 수 있도록 자각의 영역을 확장시켜 나아간다. 이런 태도를 취하는 이유는 우리가 순교자이거나 자신에 대한 배려를 억압했기 때문이 아니라 우리가 자기 자신과 주변 세상을 받아들이기 시작했기 때문이다. 주제를 바탕으로 한 이 수행은 온화한 힘이 지배하는 광대한 장으로 우리 자신을 열어 젖혀 줌으로써 우리의 행동이 끊임없이 반복되는 욕망과 불안이 아닌 감사에 뿌리를 내릴 수 있도록 해준다.

이타심과 이기심 간의 뚜렷한 대조에 직면하는 행위는 상당한 용기와 대담성을 필요로 한다. 그것은 종교적 여정의 심장부에 직접 가닿는 수행으로서 미묘한 기만성이나 머뭇거림의 여지조차 남겨놓지 않는다. 그것은 매우 단순하고 현실적인 훈련이다.

통렌은 고통과 상실에 대처해야 하는 상황에서 특히 강력한 힘을 발휘한다. 우리 자신과 타인의 질병이나 죽음에 직면하게 된 경우에 통렌 수행은 그런 경험을 거부하거나 맞서서 투쟁하는 태도를 극복함으로써 더 단순하고 직접적으로 상황에 대응할 수 있도록 도와준다.

알아차림과 자각 수행처럼 통렌 수행도 호흡을 매개로 진행된다. 수행을 시작하려면 반드시 먼저 알아차림과 자각을 실천함으로써 기반을 다져야 한다. 알아차림과 자각 수행은 통렌이 첨부될 수 있는 토대 역할을 해주기 때문이다. 통렌 수행 자체는 세 단계로 이루어진다. 먼저 마음을 완전히 열어놓은 상태에서 1초에서 2초 정도 짧게 휴식을 취한다. 이 상태는 다소 갑작스럽게 일어나며 근본적인 고요함과 명료성을 일별하는 것과도 같은 특성을 지닌다. 다음에는 질감을 대상으로 수행한다. 뜨거움 · 어두움 · 무거움 · 답답함 같은 느낌들은 들이쉬고, 시원함 · 밝음 · 가벼움 · 신선함 같은 느낌들은 내쉰다. 당신은 이런 특성들이 피부의 모든 구멍을 통해 들어오고 나가는 것을 느낀다. 이렇게 해서 통렌의 전반적인 느낌이나 성질을 확립했다면, 이제 당신은 정신의 내용을 대상으로 수행하기 시작한다. 어떤 경험을 하게 되던 간에 단순히 바람직한 것을 내쉬고 바람직하지 못한 것을 들이쉬기만 하면 된다. 직접 겪게 되는 경험으로부터 시작해서, 당신은 주변 사람들의 경험으로 수행의 범위를 넓혀 나아가고, 이어서 당신과 함께 고통 받고 있는 생명체들의 경험으로까지 영역을 확대시킨다. 예를 들어 당신이 열등감을 느낀다면 먼저 그 느낌을 들이쉬고 내면의 자신감과 유능함을 내쉬는 것으로 시작하여 개인적 관심사를 넘어선 지점으로까지 수행을 확장시켜 당면한 주변 환경과 세상 전역에서 일어나는 통렬한 느낌과 접촉한다. 이 수행의 핵심은 가슴을 연 상태에서 온 마음으로 받아들이고 온 마음으로 내보내는 것이다. 통렌 수행에서 거부되는 것은 아무것도 없다. 무슨 일이 일어나든 그것은 수행을 위한 연료로 작용한다.

트룽파 린포체는 스승이 제자에게 수행을 직접 전수해주는 구전의 중요성을 강조했다. 제자는 이를 통해 붓다 자신으로까지 수세기를 거슬러 올라가는 지혜의 전통에 직접 참여하게 된다. 전수되는 수행의 생생한 본질은 지극히 인간적인 것으로서 단순히 책으로부터 얻어질 수 있는 것이 아니다. 그러므로 보내고 받아들이는 수행을 공식적으로 시작하기에 앞서 가능하다면 숙련된 수행자와 만나 수행에 대해 토론하고 정식으로 가르침을 받는 것이 좋다.

명상 이후의 수행은 일상의 혼돈 속에서 적절한 주제를 즉흥적으로 떠올리는 것을 바탕으로 한다. 자신의 행동을 주제와 일치시키기 위해 인위적이거나 고의적으로 노력하는 것이 아니라 이 전통적 경구를 탐구함으로써 각 구절이 자연스럽게 불러 일으켜지도록 해야 한다. 이 일곱 가지 마음 훈련법을 공부하고 주제들을 암기해 둔다면 각 구절들이 전혀 뜻밖의 상황에서 저절로 떠오른다는 사실을 발견하게 될 것이다. 이 경구들은 잘 잊혀지지 않는 특성이 있으며, 각 구절들이 다시 떠오를 때마다 친절함과 자비의 본성에 대해 점점 더 섬세하게 이해할 수 있도록 수행자를 서서히 이끌어준다.

또한 이 주제들은 끊임없이 의미가 깊어지는 특성을 지니고 있기 때문에 특정한 도덕적 관점을 지지하기 위한 수단으로 이 가르침을 사용하는 것은 불가능하다. 여기 나타난 도덕적 접근법은 좁은 식견, 두려움, 자신에 대한 집착 등의 장애물을 제거함으로써 수행자가 자의식, 투사, 기대와 같은 짐의 무게에 짓눌리지 않도록 하는데 초점을 맞춘다. 이 주제들은 '수행하여 익히도록' 의도된 것이다. 다시 말해 그것은 탐구하고 기억할 필요가 있는 경구들이다. 하지만 동시에 이 경구들을 '내려놓는' 것도 중요한데, 그 이유는 그것이 비개념적 이해를 지시하는 개념적 도구들에 불과하기 때문이다.

불교의 가르침이 보통 그렇듯이 이 경전에서도 하나의 주제가 전에 나온 주제를 거스름으로써 시야를 넓혀 주는 식으로 역설과 유희를 활용하는 부분이 발견된다. 그 구절들은 결국 어떤 구절도 배제되지 않는 하나의 순환 고리를 형성한다. 마음속에 일어나는 모든 개념과 일상에서 겪게 되는 모든 경험들은 이 수행이 형성해 내는 광대한 이해와 자각의 공간으로 던져 넣어진다. 자비심을 일으키는 기반이 되는 것은 바로 이와 같은 마음의 개방성이다.

카담파의 주제를 통해 제시된 도덕적 태도는 "자비의 본성에는 꾸밈이 없으니, 하늘에서 떨어지는 비처럼 부드럽게 내려앉는다."라는 셰익스피어의 유명한 구절을 상기시킨다. 이런 종류의 도덕에는 악을 물리치고 선을 위해 싸우는 도덕적 전쟁의 개념이 없다. 전통적으로 불교에서는 인자하고 평등하게 모든 대상을 비춰 주는 태양의 이미지를 자비의 상징물로 제시한다. 빛을 비추는 것은 태양의 본성으로서 여기에는 어떠한 투쟁도 없다. 마찬가지로 자비는 일단 그것이 표현되는 것을 막는 장애물만 제거하면 자연스럽게 드러나는 인간의 본성이다.

비디야다라는 제자들에게 일상적인 명상 수행에 통렌을 포함시키고 관련된 주제들을 외우라고 권고했다. 그는 각각의 주제들을 아름답게 글로 써서 바즈라다투 학교에 붙여 놓곤 했다. 따라서 언제 어떤 주제와 마주치게 될지 아무도 몰랐다. 예를 들면 수행 참가자는 "모든 사람에게 감사한다."라는 주제를 주방에서 볼 수도 있었고, "모든 비난을 자기 자신에게로 돌린다."라는 주제가 나무에 걸려 있는 것을 볼 수도 있었다. 이 주제들은 하나씩 숙고하라는 의도로 쓰인 것이다. 그래서 비디야다라는 제자들에게 주제들을 인쇄해서 매일 새롭게 기억을 일깨우는 수단으로 활용하라고 권해주었다.

따라서 부디 현실적이고 간소한 이 가르침들이 친절함과 자비심을 기르도록 영감을 주고 우리 자신과 다른 사람들에 대한 희망을 포기하지 않도록 해주기를, 이 가르침들이 자아의 끈질긴 속박을 떨쳐내는 대담성을 일깨워주기를, 이 가르침들이 깨달음의 여정에서 모든 존재를 이롭게 하고자 하는 우리의 깊은 열망을 실천할 수 있도록 해주기를 바란다.

■ 감사의 말

이 책을 만드는 작업은 여러 해 전부터 시작되었고, 그동안 많은 사람들이 함께 노력해주었다. 날란다 번역 위원회의 회원들은 1981년에 카담파의 주제들을 처음으로 번역하고 1986년에 내용을 수정하면서 초걈 트룽파 린포체와 긴밀하게 협력했다. 당시 함께 일한 번역가로는 우기엔 셴펜 라마(Lama Ugyen Shenpen), 도르제 로폰 로되(Dorje Loppon Lodro), 로빈 콘만(Rovin Kornman), 래리 머멜슈타인(Larry Mermelstein), 스콧 월렌바흐(Scott Wellenbach) 등이 있다. 이 책을 준비하는 동안 번역 위원회는 주의 깊게 본문을 재검토해 주었고 재수정을 통해 최종 번역본을 완성해 주었다. 최종 수정에 참여한 회원으로는 우기엔 셴펜 라마, 줄스 레빈슨(Jules Levinson), 래리 머멜슈타인, 마크 노와코스키(Mark Nowakowski), 존 락웰(John Rockwell), 스콧 월렌바흐 등이 있다. 《보티사트바가 실수하는 46가지 방식》에 대한 번역 작업도 이와 동시에 수행되었다.

바즈라다투 편집부의 사라 콜만(Sarah Coleman)은 원본 원고를 정리했고 비디야다라와 함께 처음 열린 번역 관련 모임에 참여하기도 했다. 그녀는 나중에 강연의 내용을 분명히 다듬기 위해 비디야다라와 만나는 기회를 여러 차례 마련해 주었다. 감포 사원의 팅진 오트로(Tingdzin Otro)는 수년 간에 걸친 바즈라다투 강연 원고에 뒤섞여 있던 카담파 수행 관련 가르침들을 엄격하게 가려내어 컴퓨터에 모아 주었다. 또한 바즈라다투 아카이브의 무수한 자원 봉사자들은 트룽파 린포체의 가르침을 녹음·필사하고 보존하는데 큰 공헌을 해 주었다. 나는 누구보다도 그들에게 깊은 감사를 표하고 싶다.

켄 맥러드(Ken McLeod)는 칼루 린포체 성하(Venerable Kalu Rinpoche)에게서 받은 잠곤 콩툴의 주석서를 번역하여 1974년에《위대한 깨달음의 길(The Great Path of Awakening)》이란 책으로 출간했는데, 그의 작업은 학생들에게 소중한 자료 역할을 해주었으며 이 대본을 준비하는데도 커다란 도움이 되었다.

나는 '법의 바다 총서(Dharma Ocean Series)'를 열렬히 후원해 주고 이 가르침을 출간하도록 허용해 준 다이아나 묵포 여사(Mrs. Diana Mukpo)에게도 감사를 표하고 싶다.

그리고 무엇보다도 자비심을 일깨우는 실제적 방법을 알려 주고, 이 어려운 시기에 모든 존재들이 혜택을 입을 수 있도록 가르침을 널리 전파해 달라고 촉구해 준 비디야다라 초걈 트룽파 린포체께 깊은 감사를 전한다.

주디스 리프(Judith L. Lief)

　대승의 길에 들어서면 우리는 자기 자신에 대한 존중심과 다른 사람들에 대한 친밀감이 일어나는 경험을 하게 된다. 이러한 친밀감, 또는 자비를 티베트에서는 닝제(nyingje)라 부르는데, 문자 그대로 '고귀한 가슴'이란 뜻을 지닌다. 우리는 지각 있는 모든 존재를 이롭게 하는 일에 자신을 기꺼이 헌신하고자 한다. 하지만 실제로 이 과업에 착수하기 전에 우리는 먼저 많은 수행을 할 필요가 있다.

　다른 사람과 자신에 대한 공감능력이 부족하면 대승불교도가 될 수 없다. 이것이 가장 큰 장애물이다. 하지만 이 문제는 로종(lojong), 즉 '마음 훈련'이라고 알려진 실용적 수행을 통해 극복할 수 있다. 이 훈련은 우리의 투박하고, 거칠고, 미숙하고, 설익은 행동방식을 다루는 방법을 알려주고, 훌륭한 대승불교도가 되는 길을 제시해준다. 무지하거나 어리석은 대승불교도들은 가끔 자기 자신의 영화와 이익을 위하여 지도자나 안내자가 되고 싶어 한다. 하지만 우리에게는 이 문제를 극복하는데 활용되는 방편, 또는 수행법이 있다. 그것은 겸손함을 계발하는 수행으로서 마음 훈련과 긴밀하게 연관되어 있다. 대승불교의 기본적인 이상은 다른 사람들의 이익을 위해 일하면서 다른 사람들이 혜택을 받을 수 있는 환경을 만들어내는 것이다. 그러므로 당신은 타인을 위해 스스로를 기꺼이 헌신하겠다는 태도를 받아들인다. 그러한 태도를 받아들이고 나면, 당신은 다른 사람이 자기 자신보다 더 중요하다는 점을 깨닫기 시작한다. 당신이 마음 훈련이라는 대승의 수행을 실천하며 익혀 나아가는 이유도 타인이 더 중요하다는 대승불교의 이상을 알고, 그러한 태도를 채택하여 그 사실을 실제로 이해하기 때문이다.

소승불교의 가르침은 근본적으로 마음을 '길들이는' 것과 연관된다. 다양한 형태의 산만함에 대처하는 수행을 통해 우리의 정신은 주의 깊고 명확해지며, 이를 통해 가르침이 가치를 드러내게 된다. 우리의 마음이 사마타(shamatha) 수행, 즉 알아차림 수행과 위빠사나(vipashyana) 수행, 즉 자각 수행의 실천을 통해 철저히 길들여지고 나면 가르침을 듣는 법을 터득하게 되어 법에 대한 이해도 점차 심화되기 시작한다. 그 다음 우리는 다시 그 길들여진 마음 상태를 바탕으로 하여 다른 사람들을 대하는 법에 대한 완전한 이해를 계발해 나아가기 시작한다.

반면 대승불교는 주로 마음을 '훈련'시키는 법에 대해 가르친다. 그것이 다음 단계다. 이미 마음이 길들여졌기 때문에 훈련도 시킬 수 있는 것이다. 다시 말해, 우리는 불법에 따른 소승의 가르침을 실천함으로써 우리의 마음을 유순하게 만들 수 있었다. 그리고 마음을 순하게 만들어

놓았기 때문에 이제는 그것을 유용하게 활용할 수 있다. 이는 야생 들소를 잡아 길들이는 옛 이야기와도 같다. 우리가 길들이기 전에는 거칠고 사나운 들소에 불과했지만, 야생 들소를 잡아서 순하게 길들여 놓고 나면 그 소는 완전히 조화를 이루며 주인과 함께하게 된다. 사실 소는 길들여지는 것을 좋아한다. 예전에는 분명 가족과는 거리가 멀었지만, 이 시점에 이르면 그 소는 우리 가족처럼 된다.

티베트에서는 마음 훈련을 로종(lojong)이라 부른다. 로(lo)는 '지성', '마음', '대상을 인식하는 것' 등을 의미하고 종(jong)은 '훈련'이나 '가공 처리' 등을 의미한다. 로종의 가르침은 여러 단계, 또는 요점들로 이루어진 대승의 수행법으로 구성된다. 그리고 마음 훈련, 즉 로종의 기본 수행은 마음을 정화시키거나 가공 처리하는 일곱 부분으로 이루어진다.

이 책은 카담파의 기본 경전인 《일곱 가지 마음 훈련에 관한 근본 경전》과 이 경에 대한 잠곤 콩툴의 주석서를 기반으로 하고 있다. 티베트에서는 이 주석서를 《창춥 슝람(Changchup Shunglam)》이라고 부른다. 슝(shung)은 '정부'를 뜻하는 단어로도 쓰이고 '본체'라는 의미를 담고 있기도 하다. 따라서 슝은 '중심 지배 기관'을 나타낸다고 볼 수 있다. 예를 들어, 우리는 티베트 정부를 포 슝(po shung)이라 부르는데, 여기서 포(po)는 '티베트'를 의미하고, 슝은 '정부'를 뜻한다. 한 나라를 운영하는 정부라면 마땅히 관할 영역이 넓어야 한다. 그것은 국가의 정신을 돌보아야 하며, 정치 · 경제 · 국내 정세 등을 책임지기도 해야 한다. 그래서 슝은 운영을 위한 넓은 바탕, 또는 주요 운영 매체의 의미로 받아들여지기도 한다. 그리고 람(lam)은 '길'이란 뜻을 지닌 단어이다. 그러므로 슝람은 이른바 일반 고속도로, 또는 넓은 길을 의미한다고 볼 수 있다. 말하자면 그것은 대승의 접근법이다. 그것은 모든 사람을 위한 고속도로, 넓은 길, 지극히 넓고 지극히 개방적인 길을 나타낸다. 이처럼 슘에는 넓거나 중심이라는 뜻이 담겨 있고, 람은 길을 의미하며, 마지막으로 창춥(Changchup)은 깨달음을 나타내는 단어이므로 이 주석서의 제목을 풀이하면 '깨달음으로 향하는 넓은 길'이란 뜻이 된다.

경전의 본문은 로종에 대한 아티샤의 가르침에 기반을 둔 것으로서 티베트 불교의 카담파로부터 전해진 것이다. 이 경전은 마르파(Marpa)와 밀라레파(Milarepa)가 활동하던 무렵, 그러니까 티베트에 수도원 제도가 마련되어 깊이 뿌리내리기 시작하던 시기에 성립되었다. 카규파(Kagyupas)는 올바른 대승불교의 수행에 대한 이 가르침을 감포파(Gampopa)를 통해 받아들였는데, 감포파는 카담파의 스승들뿐 아니라 밀라레파와 함께 공부하기도 했던 인물이다. 카담파에는 이른바 명상적인 카담파와 지적인 카담파의 두 부류가 있다. 우리가 여기서 다루는 내용은 명상적 카담파의 전통과 관련된 것이다. 겔룩파(Gelukpas)는 논리적 토론을 중시하며, 카담파의 전통을 이해하는 데 있어 보다 철학적인 접근법을 취한다.

'카담(kadam)'이란 단어에는 흥미로운 의미가 내포되어 있다. '카(ka)'에는 장군이 병사들을 지휘하거나 왕이 각료들에게 지시를 내릴 때 쓰는 '명령'의 의미나 아니면 기독교 전통에서 "태초에 말씀이 있었으니"라고 말하듯 '로고스', 또는 '말씀'의 의미로 받아들여지기도 한다. 이런 종류의 말은 표현된 최초의 말로서 성스럽고 근본적인 명령이다. 이 경우 '카'라는 말은 절대 진리의 느낌과 실행 가능성의 느낌을 함께 전달한다. '담(dam)'은 '구전 가르침', '사적인 가르침', 그러니까 한마디로 인생에 제대로 대처하는 법에 대한 지침이라는 뜻을 담고 있다. 그러므로 '카담'은 모든 명령이나 메시지를 현실적이고 실천할 수 있는 구전 가르침으로 간주한다는 의미가 있다. 이 가르침들은 숙고와 명상 훈련에 참여하는 학생들을 위한 수행의 실용적 기반으로 여겨진다. 이것이 카담의 기본 의미이다.

여기 제시된 경구들은 지극히 간소하고 특별히 철학적이지도 않은 구절들이다. 그것은 카규파의 위대한 스승 한 분이 '할머니의 손가락'이라 부른 가르침이다. 할머니가 "예전에는 여기서 옥수수도 줍고 채소도 거둬들이곤 했단다."라고 말할 때는 종이에 쓰거나 지도를 펼치거나 하지 않고 보통 손가락을 사용한다. 이 가르침은 이런 점에서 할머니식 접근법이라 할 수 있다.

끊임없이 철학 공부를 해온 내 경우에도 잠곤 콩툴께서 처음으로 내게 《창춥 슝람》을 읽고 탐구하라고 권해 주었을 때 불교가 이토록 간단하고, 실제로 무언가를 실천할 수 있다는 사실에 깊은 위안을 받았다. 당신도 이 책을 읽고 그대로 실천하기만 하면 된다. 이 수행은 대단히 강력하며 크나큰 위안을 준다. 나는 아직까지도 이 책의 간소함에 깊은 인상을 받고 있다. 그것은 지극히 존귀하고 직접적이다. 비록 이 책은 다소 거친 표현을 담고 있기도 하지만, 마음을 달래 주는 측면도 동시에 지니고 있다. 잠곤 콩툴의 성격에도 그런 면이 있었다. 그는 마치 다른 사람이 말하는 것처럼 어조를 완전히 바꾸어 말하거나, 특정 주제를 놓고 글을 쓸 때마다 그는 주제의 특성에 맞게 접근법을 바꿨으며, 청중을 대하는 태도도 상황에 따라 완전히 달라졌다.

카담파 주제에 대한 잠곤 콩툴의 주석서는 내가 초기 수도원 생활 기간 동안 공부한 최고의 책 가운데 하나다. 나는 단순하고 소박한 수도승이 되고 싶었다. 이 가르침들을 공부해서 관상적인 유형의 신심 깊은 불교도가 되고 싶었다. 그런 소망은 지금도 여전히 내 삶에 영향을 미치고 있다. 복잡하게 뒤얽힌 개인사와 티베트에 닥친 난국에도 불구하고 나는 여전히 스스로를 스승들과 가르침을 향해 극진한 존경심을 품은 단순하고 낭만적인 불교도라고 생각하고 있다.

이 주석서에 담긴 내용은 깨달음의 표현이다. 이러한 책을 읽을 때마다 우리는 모든 것을 아주 단순하고 직접적으로 만들어 주는 무언가가 있다는 사실을 거듭 확인하게 된다. 이런 자각은 지극한 행복감을 안겨 준다. 게다가 잠도 더 잘 자게 된다. 이 책에는 가르침을 전달할 때 묻어가기 쉬운 편견과 자의식을 단칼에 베어버리는 날카로움이 있다. 하지만 동시에 거기에는 항상 헌신이라는 부드러운 측면이 있고 결코 잊을 수 없는 대승불교의 간소함도 있다. 이와 같은 측면들은 아주 중요하며, 이것을 극화시키려는 게 아니므로 잘못 이해하지 않길 바란다. 난 잠곤 콩툴에 대해 진정 크나큰 존경심을 가지고 있고 이 가르침에 대한 그의 접근법이 지극히 탁월하다고 느낀다

차례

상대적 보리심과 주제

세 번째 지혜 ― 열악한 환경을 깨달음의 길로 변형시키기

인내(忍辱) 바라밀

네 번째 지혜 ― 삶 전체에서 수행이 활용됨을 보기

발휘(精進) 바라밀

다섯 번째 지혜 — 마음 훈련의 평가

명상[禪定] 바라밀

여섯 번째 지혜 — 마음 훈련을 위한 규율

지혜[般若] 바라밀

일곱 번째 지혜 ─ 마음 훈련을 위한 지침

명상 후의 자세

맺음 시구

부록 ― 보디사트바가 실수하는 46가지 방식

첫 번째 지혜

수행을 위한 기초 다지기

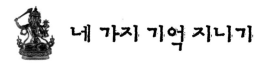# 네 가지 기억 지니기

1. 예비적인 것들 익히기

주제를 대상으로 수행하거나 일상을 영위할 때 당신은 (1)인간 삶의 소중함과 불교의 가르침을 들을 수 있는 환경에서 태어난 행운을 기억해야 하고, (2)죽음이 경고도 없이 갑자기 찾아온다는 사실을 잊지 말아야 한다. 또한 당신은 (3)카르마의 속박에 관한 진실, 다시 말해 선행이든 악행이든 모든 행위는 자신을 인과의 사슬에 더 얽매이게 할 뿐이라는 진실을 항상 자각해야 하고, (4)당신 자신과 지각 있는 모든 존재들이 겪게 되는 고통의 강도와 그 필연성을 잊지 말아야 한다. 티베트에서는 이것을 '네 가지 기억 지니기'라고 부른다.

이런 태도를 기반으로 해서 당신은 헌신적인 마음으로 스승을 방문하고, 그 스승이 일으키는 온전성의 분위기 속으로 당신 자신을 초대하며, 더 이상 무지와 고통이 일지 않도록 그 뿌리를 자르겠다는 서원을 세워야 한다. 이것은 마이트리(maitri), 즉 사랑이 깃든 친절함(loving kindness)이란 개념과 매우 밀접하게 연관된다. 종교적 여정에 관한 전통적 가르침에서는 순수하게 사랑할 수 있는 대상이 당신에게 길을 보여 주는 그 사람뿐이라고 한다. 부모나 친지 등과도 애정에 찬 관계를 맺을 수 있을지 모르지만 그 관계에는 여전히 문제가 있다. 당신의 신경증적 성향이 관계 속으로 얽혀들기 때문이다. 진정으로 순수한 사랑은 스승과의 관계에서만 일어날 수 있다. 따라서 이 이상적인 교감의 대상은 하나의 시작점으로, 신경증 너머에서 맺어지는 관계를 익히는 하나의 수단으로 활용된다. 특히 대승불교에서 스승은 침체되었을 때는 힘을 북돋아주고 너무 들떴을 때는 아래로 끌어내려 주는 일종의 조절자의 역할을 수행한다. 스승은 이런 점에서 중요한 존재로 여겨진다.

이 주제는 삼사라(고통, 구속, 광기의 전형)와 스승(개방성, 자유, 온전성의 구현체)을 대조시킴으로써 모든 수행의 근본적 기반을 드러내 보인다. 그것은 금강승 전통으로부터 큰 영향을 받은 가르침이다.

두 번째 지혜

수행과 보리심 훈련

절대적 보리심과 상대적 보리심

절대적 보리심과 관대함[布施] 바라밀

궁극적 보리심, 또는 절대적 보리심은 소원을 이뤄 주는 보석으로 상징되는 관대함 바라밀의 계발을 기반으로 삼는다. 관대함이라는 뜻의 티벳어 단어인 진파(jinpa)는 '베풀다', '열다', 또는 '나눠 주다'라는 의미를 지닌다. 따라서 관대함이라는 개념은 움켜쥐지 않고 끊임없이 주는 것을 의미한다. 관대함은 스스로 존재하는 개방성, 완전한 개방성이다. 당신은 더 이상 자기 자신의 계획이나 야심을 충족시키는 데 얽매이지 않게 된다. 이처럼 자기 자신을 열어젖히는 최선의 방법은 자기 자신 및 다른 사람들과 친밀해지는 것이다.

전통적으로 관대함에는 세 종류가 있다. 첫째는 일반적인 의미에서의 관대함으로, 다른 사람들에게 물질적 혜택을 주거나 편안한 환경을 제공해주는 것을 뜻한다. 둘째는 대담함을 선물해준다는 의미의 관대함으로, 다른 사람들에게 자신감을 되찾아주면서 자신의 상황에 난처해하거나 불안에 떨 필요가 없다는 사실을 가르쳐주는 것을 뜻한다. 당신은 근본적으로 좋은 무언가가 있고 그것을 일깨우는 종교적 수행도 있다는 사실을 알려주며, 또한 그들이 스스로 삶에 대처할 수 있도록 해주는 방법이 있다는 사실을 가르쳐준다. 이것이 대담함을 선물한다는 것의 의미이다. 세 번째 유형의 관대함은 법을 선물하는 것이다. 당신은 다른 사람들에게 규율과 명상과 지성, 또는 지혜로 이루어진 길이 있다는 사실을 가르쳐준다. 이 세 가지 유형의 관대함 모두를 통해 당신은 다른 사람들의 마음을 열어줄 수 있다. 그러면 그들의 폐쇄성과 비참함, 소심함 등은 보다 드넓은 비전으로 변형될 수 있다.

사람들이 더 크게 생각하고 더 위대하게 생각할 수 있도록 하는 것, 그것이야말로 대승불교의 근본 이상이다. 우리는 우리 자신을 열어젖히고 세상 속으로 뛰어들어 크나큰 관대함과 크나큰 선의와 크나큰 풍요의 느낌을 나눌 여력이 있다. 게다가 더 많이 줄수록 더 많이 받게 된다. 비록 줌으로써 얻게 되는 그것이 주는 행위자체의 목적이 되어서는 안 되지만, 아니 차라리 더 많이 계속해서 줄수록 더 많은 영감을 받는다고 하는 편이 낫겠다. 얻는 과정은 자연스럽게, 자동적으로, 어김없이 일어난다.

관대함의 반대는 인색함, 또는 움켜쥐는 것으로서 기본적으로 빈곤한 정신성을 갖는 것을 뜻한다. 절대적 보리심 관련 주제들에 내재된 근본 원리는 제8식, 즉 알라야(alaya) 안에서 휴식을 취하면서 산만한 생각들의 흐름을 따라가지 않는 것이다. 알라야는 기본적으로 '바탕'이란 뜻을 지니며 때로는, 히말라야를 '눈의 집'이라고 부르듯이, '거주처'나 '집' 등을 의미하기도 하는 산스크리트어이다. 따라서 이 단어에는 범위가 광대하다는 의미가 내포되어 있다. 알라야는 근원적인 의식 상태로서, 의식이 '나'와 '타인'으로, 또는 다양한 정서들로 분할되기 이전의 지점을 나타낸다. 그것은 모든 것이 처리되고 모든 것이 존재하는 기본 바탕이다. 알라야의 본성에 머물며 휴식을 취하려면, 당신은 빈곤한 정신 상태를 넘어서서 자신의 알라야도 다른 누구의 알라야 못지않게 좋다는 사실을 깨달을 필요가 있다. 그러면 당신은 넉넉한 느낌과 자기충족감을 느낄 것이다. 당신은 그렇게 할 수 있고, 그러면 베풀 여력도 지니게 될 것이다. 절대적 보리심 관련 주제들[주제 2-6]은 절대적 보리심에 익숙해지기 위해 우리가 활용할 수 있는 기본 배경 지식들이다.

절대적 보리심은 절대적인 공(shunyata)의 원리와 비슷하나. 절내적 공의 원리가 있는 곳에서는 반드시 절대 자비에 대한 근본적 이해도 함께 동반되어야 한다. 공은 말 그대로 '열려 있음', 또는 '비어 있음'이란 의미를 지닌다. 기본적으로 말하자면 공은 비존재성에 대한 이해라 할 수 있다. 이 비존재성을 깨닫기 시작하면 당신은 더 자애로워질 수 있고 더 많이 베풀 수도 있게 될 것이다. 문제는 보통 우리가 우리 자신의 영역을 움켜쥐고 그 특정한 기반을 고수하려 한다는 점이다. 일단 그 기반에 집착하기 시작하면 베풀 수 있는 가능성은 사라지게 된다. 공을 이해한다는 것은 우리가 취할 수 있는 기반이라는 게 없다는 사실, 그리고 우리가 궁극적으로 자유롭고, 공격적이지 않으며, 열려 있는 존재란 사실을 깨닫기 시작한다는 것을 의미한다. 우리는 우리가 사실상 존재하지 않는다는 사실을 깨닫는다. 우리는 없다. 아니 차라리 '무'이다.[1] 따라서 우리는 베풀 수 있다. 그 지점에 이르면 얻을 것은 많고 잃을 것은 아무것도 없게 되기 때문이다. 그것은 아주 간단하다.

자비는 우리 내면에 '유연한 지점'이 있다는 느낌에 기반을 둔다. 그것은 마치 몸에 아주 쓰라린 돌기를, 너무 쓰라려 문지르거나 긁고 싶지도 않은 돌기를 지니는 것과도 같다. 우리는 따가워서 몸을 씻으면서 그 위에다 비누를 제대로 문지르지도 못한다. 이처럼 뜨거운 물과 찬물을 대거나 문지를 때 고통을 일으키는 쓰라린 지점, 또는 유연한 지점이 우리 내면에 존재한다.

몸에 있는 그 쓰라린 지점은 자비에 대한 하나의 비유이다. 왜 그럴까? 엄청난 공격성과 둔감성, 또는 게으름의 한가운데에서조차 우리는 항상 유연한 지점을 지닌 채 그것을 계발하거나, 아니면 적어도 상처 입히지 않을 수 있기 때문이다. 모든 인간은 이런 쓰라린 지점을 기본적으로 지니며, 이는 동물도 마찬가지이다. 정신이 나갔든, 둔하든, 공격적이든, 자기중심적이든 상관없이 어떻든간에, 우리 내면에는 여전히 이 쓰라린 지점이 존재한다. 열린 상처, 이 말이 더 생생한 비유일 듯하다, 열

---

1 '없다'라는 단어는, '이것은 없다, 저것은 없다.'와 같은 표현에서 볼 수 있듯이, 대상과 연계된 것으로서 조건화된 용어이다. 하지만 '무'란 단어는 조건화되어있지 않다. 단순히 '무!' 이다.

린 상처는 항상 거기에 있다. 이 열린 상처는 대개 아주 불편한 골칫거리다. 우리는 그것을 싫어한다. 우리는 강인함을 원한다. 우리는 자신의 어떤 측면도 방어할 필요가 없도록 하기 위해, 싸우고 싶어 하고 강한 면모를 드러내고 싶어한다. 우리는 그 자리에서, 단박에 적을 공격하고 싶어 한다. 우리는 완벽하고 적절하게 남 탓을 함으로써 스스로는 숨길 것이 아무것도 없는 체하고 싶어 한다. 이렇게 하면 누군가가 우리에게 역습을 가해도 상처 입지 않을 테니까 말이다. 게다가 그 쓰라린 지점, 우리 내면에 있는 그 상처를 공격하는 사람은, 원컨대 단 한 명도 없어야 한다. 우리의 기본 기질, 마음의 기본 구성요소는 이처럼 동시에 열망과 자비에 기반을 둔다. 하지만 우리가 아무리 혼란에 빠져 있다 해도, 아무리 우주적 괴물이라 해도, 우리 내면에는 여전히 열린 상처가 존재한다. 이 쓰라린 지점은 항상 존재할 것이다.

사람들은 가끔 그 쓰라린 지점, 또는 열린 상처를 '종교적 확신'이나 '신비적 경험'이라고 번역하지만 이러한 표현은 버려도 좋을 듯싶다. 그것은 불교와 아무런 상관이 없고, 기독교와도 아무 상관이 없으며, 나아가 그 무엇과도 전혀 상관이 없다. 그것은 그저 열린 상처, 아주 단순히 열린 상처일 뿐이다. 이 상처는 아주 훌륭하다. 덕분에 우리는 적어도 접근 가능한 존재가 되기 때문이다. 우리는 갑옷으로 항상 완벽하게 뒤덮여 있지 않다. 얼마나 다행인가! 얼마나 감사할 일인가!

바로 이 쓰라린 지점 덕분에 우리가 무솔리니, 마오쩌둥, 히틀러 같은 우주적 괴물이라 해도 여전히 사랑에 빠질 수 있는 것이다. 우리는 여전히 아름다움과 예술, 시, 음악 등을 감상할 수 있다. 우리의 나머지 부분은 철갑으로 덮여 있을지 모르나, 쓰라린 지점은 우리 안에 항상 존재한다. 이것은 환상적이다. 이 쓰라린 지점은 보통 배아상태의 자비, 잠재적 자비라 불린다. 이처럼 우리는 적어도 일종의 틈, 어떤 어긋남을 존재 상태 내에 지니고 있고, 이로부터 근본적 온전성의 빛이 새어나올 수 있다.

우리의 온전성은 아주 원시적인 단계에 있을지 모른다. 우리의 쓰라린 지점은 그저 토르티아나 카레에 대한 사랑에 불과할 수도 있다. 하지만 그것으로 충분하다. 우리에게는 일종의 개부구가 있기 때문이다. 뭐라도 좋다. 쓰라린 지점, 열린 상처가 있는 한 그것이 무엇에 대한 사랑인지는 문제가 되지 않는다. 그곳은 세균들이 침투하여 우리를 수태시키고, 점유하고, 몸에 영향을 미치기 시작할 수 있는 지점이다. 그리고 이것이 바로 자비로운 태도가 유발되는 방식이다.

뿐만 아니라 우리에게는 여래성(tathagatagarbha), 또는 불성이라 불리는 내면의 상처도 있다. 여래성은 마치 절단한 뒤 지혜와 자비로 상처를 입힌 심장과도 같다. 이 외부의 상처와 내면의 상처가 만나서 소통하기 시작하면, 우리는 우리의 전 존재가 하나의 쓰라린 지점으로 온전히 이루어져 있다는 사실을 깨닫기 시작한다. 사람들은 이것을 '보티사트바의 열병'이라 부른다. 그리고 이 취약성이 바로 자비다. 우리는 정말로 더 이상 우리 자신을 방어할 수가 없다. 거대한 우주적 상처가 전역에 걸쳐 있기 때문이다. 내면의 상처와 외면의 상처는 동시에 찬 공기와 더운 공기에 민감하게 반응하며, 내부와 외부 모두에서 우리에게 영향을 미치기 시작하는 대기의 사소한 교란에도 민감하다. 그것은, 이렇게 부르고 싶다면, 살아 있는 사랑의 불꽃이다. 하지만 우리는 사랑에 대해 말할 때 아주 신중해야 한다. 사랑이 무엇인가? 우리는 사랑을 아는가? 그것은 모호한 단어이다. 여기서 우리는 그것을 사랑이라 부르지 않을 것이다. 아마 사춘기 이전에 성이나 사랑에 대한 느낌을 느껴본 사람은 아무도 없을 것이다. 마찬가지로 우리는 아직 유연한 지점이 무엇인지도 제대로 이해하지도 못했으므로, 사랑에 대해 말할 수 없고, 열망(passion)에 대해서만 말할 수 있다. 자비에 대해 말하는 것도 너무 과도해보이고 굉장하게 들릴 수도 있지만, 자비는 사랑이라는 무거운 주제만큼 말하는 바가 많지는 않다. 자비는 컴패션(compassion), 일종의 열망이고, 그것은 보다 다루기가 수월하다.

당신은 피부를 째서 상처를 낸다. 어떤 의미에서 그것은 매우 가혹한 조처이지만, 사실 매우 부드러운 태도이기도 하다. 즉 의도는 부드럽지만 그 실천 자체는 매우 가혹하다. 이 의도와 실천을 결합시킴으로써 당신은 '가혹'해지는 동시에 '부드러워'진다. 그리고 그것이 당신을 보티사트바로 만들어준다. 당신은 이런 과정을 겪어내야 한다. 당신은 그 믹서 속으로 뛰어들어야 한다. 그것은 직접 경험해볼 필요가 있다. 단순히 믹서 속으로 뛰어들어 그것과 함께 작용해보면 당신은 자신이 그 속에서 헤엄을 치고 있다는 사실을 느끼기 시작할 것이다. 게다가 당신이 그 속에서 처리되고 나면 그 느낌을 약간 즐길 수조차 있게 될 것이다. 이처럼 절대적 보리심은 오직 자비의 실천을 통해서만 실제적으로 이해할 수 있다. 다시 말해 순전히 논리적이거나, 지적이거나, 과학적인 결론만으로는 그 이해에 가닿을 수 없다. 절대적 보리심과 관련된 다섯 가지 주제들은 자비로운 태도에 이르는 단계들을 나타낼 뿐이다.

충격적이게도 우리 대다수는 그다지 자비롭지 못하다. 당신은 할머니가 물에 빠져 죽어도 구하려 들지 않고 애완견이 살해되어도 별관심이 없다. 따라서 우리는 이 자비라는 주제를 탐구해야 한다. 자비는 아주 큰 주제로서, 여기에는 자비로운 상태에 '머무는' 법도 포함된다. 사실상 절대적 보리심 수행은 상대적 보리심을 일깨우기 위한 준비 과정이다. 자비심을 계발하기에 앞서 우리는 먼저 온전히 '있는' 법부터 이해해야 한다. 할머니를 사랑하는 법, 벼룩이나 모기를 사랑하는 법 등은 나중에 다룰 문제이다. 그리고 자비의 상대적 측면은 훨씬 더 뒤에 다뤄야 한다. 우리가 절대적 보리심을 이해하지 못한다면 타인을 자애롭고 친절하게 대하기 위한 실제적 기반을 결여하는 셈이 된다. 무작정 적십자에 가입할 수도 있겠지만 그래봐야 폐만 끼치면서 더 많은 골칫거리만 만들어 내게 될 것이다.

대승불교의 전통에서는 우리가 두 종류의 보리심, 즉 상대적 보리심과 절대적 보리심을 실제로 일깨울 수 있다고 가르친다. 우리는 그 둘 모두를 일으킬 수 있다. 그리고 일단 보리심을 일깨우고 나면, 그것을 계속해서 증대시키면서 보티사트바의 모범을 따라 수행해 나갈 수 있다. 즉 우리는 현역 보티사트바가 될 수 있다.

절대적 보리심, 또는 궁극적 보리심을 일깨우려면 사마타와 위빠사나를 한데 통합시켜야한다. 사마타의 기본적 정밀성과 위빠사나의 총체적 자각을 익혔다면 그 둘을 한 데 모아 그것이 우리의 전존재(행동양식과 일상생활)를 뒤덮게 해야 한다. 그러면 명상과 명상 후 수행 모두에서 알아차림과 자각이 항상 동시에 일어나게 된다. 우리가 잠을 자든, 깨어 있든, 밥을 먹든, 어슬렁거리든 상관없이 명료한 각성 상태가 계속해서 유지된다. 그것은 매우 기쁜 경험이다.

또한 우리는 이 기쁨 너머로 모든 것에 대한 친근감도 계발하게 된다. 초기 단계에서 느끼는 짜증과 공격성은 알아차림과 자각에 의해 처리되었다. 대신 그 자리에는 근본적 선(goodness)의 개념이 자리하는데, 카담파 경전에서는 이것을 알라야에 내재한 덕으로 묘사한다. 알라야는 근원적인 존재 상태, 또는 의식 상태로서, 의식이 '나'와 '타인'으로, 또는 다양한 정서들로 분할되기 이전의 지점을 나타낸다. 그것은 모든 것이 처리되고 모든 것이 존재하는 기본 바탕이다. 그리고 그것의 기본 상태, 또는 자연스런 존재 양식은 선이다. 그것은 매우 자애롭다. 이처럼 우리내면에는 근본적으로 선하고, 따라서 우리가 의지할 수 있는 기본 존재 상태가 있다. 긴장을 풀고 우리 자신을 열어젖힐 수 있는 공간이 있다. 그곳을 통해 우리는 우리 자신 및 타인들과 친밀해질 수 있다. 그 상태가 바로 근원적 덕, 또는 근본적 선이며, 절대적 보리심이 일어나는 기반이기도 하다.

일단 사마타의 정밀성과 위빠사나의 명료함에 고취되고 나면, 우리는 완전히 순진한 상태로, 긍정적인 의미의 순진한 상태로 머물 수 있는 공간이 있음을 발견하게 된다. 순진함을 의미하는 티베트어는 박양(pak-yang)으로 이 단어에는 '걱정 없음', 또는 '풀어 놓다'라는 뜻이 담겨 있다. 즉 우리는 근본적 선 안에서 걱정 없이 머물 수 있다. 알라야 내부에 모기나 애벌레가 있는지 확인하기 위해 전심을 다해 조사하거나 탐구할 필요가 없다. 이 알라야에 내재한 근본적 선은 계속해서 증대시킬 수 있으며, 아주 자연스럽고 자유로운 방식인 박양 식으로 접촉할 수도 있다. 우리는 고뇌로부터, 즉 이것 저것 모두로부터 풀려나서 해방되는 느낌을 계발해 나아갈 수 있다.

상대적 보리심과 규율[持戒] 바라밀

이로써 우리는 다음 단계에 도달하게 된다. 여기서도 이론적이고 개념적인 수준에만 머무는 대신 지극히 현실적인 수준으로까지 내려와야 한다. 대승불교에서는 우리 자신을 깨어나게 하는 방법에 주로 관심을 갖는다. 그래서 우리는 인간이란 생각했던 것만큼 위험한 존재가 아니라는 사실을 깨닫기 시작하여 친절함이란 개념, 즉 마이트리를 조금씩 이해하게 되고, 이렇게 마이트리를 계발한 뒤에는 카루나(karuna), 즉 자비심으로 태도를 변경하기 시작한다.

상대적 보리심을 일깨우는 훈련은 규율 바라밀과 연관되어 있다. 티베트에서 규율 없이 수행하는 것은 다리 없이 걷는 것과도 같다는 말이 있다. 규율이 없이는 자유를 얻을 수 없다는 의미이다. 규율은 티베트어로 '출팀(tsultrim)'이라고 하는데, '출'은 '적절한'이라는 의미이고, '팀'은 '훈육', 또는 '규칙을 지키기'라는 뜻이 담겨 있다. 따라서 출팀은 '규범'이나 '정의' 등으로도 번역될 수 있으며, 그것은 올바르게 행동하는 것 전반을 뜻한다. 또한 그것은 열망을 품지 않고 영역 개념을 넘어서는 것

43

을 의미하기도 한다. 이 모두는 상대적 보리심과 긴밀히 연관된다.

상대적 보리심은 어떤 상황에서든 부드러운 마음을 지닐 수 있다는 단순하고도 기본적인 깨달음의 경험을 통해 일어난다. 가장 포악한 짐승조차도 자기 새끼나 자기 자신을 돌볼 때는 부드러운 태도를 취한다. 사마타와 위빠사나라는 기본 수행을 하면서, 우리는 우리 내면의 근본적 선을 깨닫고 그것을 향해 자신을 내맡기기 시작한다. 우리는 근심을 떨치고 순진하고 평범하게, 어떤 의미에서는 조심성 없이 알라야의 본성에 머물며 휴식을 취하기 시작한다. 그리고 이렇게 자기 자신을 내려놓으면, 우리는 스스로의 존재 자체에 만족을 느끼기 시작한다. 이것은 좋은 시간을 보낸다는 아주 일상적이고 평범한 개념과 연관지을 수도 있다. 그렇지만 우리가 스스로를 좋게 느끼는 것은 무언가를 성취하려고 노력하기 때문이 아니다. 우리는 그저 우리 자신이 되려고 노력할 뿐이다. 사람들이 보통 말하듯이 우리는 평소 모습 그대로 완전하다. 이 지점에 이르면 우리는 자기 자신을 자유롭게 할 능력이 있다는 느낌을 자연스럽게 받게 된다. 우리는 긴장을 풀고 쉴 수 있다. 우리는 우리 자신을 더 잘 배려해줄 수 있고, 더 깊이 신뢰할 수 있으며, 만족감을 누리도록 내려놓을 수도 있다. 알라야라는 근본적 선은 항상 거기에 있다. 우리가 상대적 보리심을 불러일으킬 수 있는 것도 바로 이 기분 좋은 느낌과 활력, 순진함 덕분이다.

상대적 보리심은 서로를 사랑하는 법과 우리 자신을 사랑하는 법을 어디서부터 배워 나아가야 하는가라는 문제와 연관되어 있다. 이것은 아마도 가장 근본적인 문제일 것이다. 사랑하는 법을 배우는 것은 아주 어려운 일이다. 매혹적인 대상을 대가로 제공해 주거나 일종의 꿈, 또는 가능성 등이 제시된다면 사랑하는 것이 가능하고, 아마도 그런 경우라면 사랑하는 법을 배울 수 있을지 모른다. 하지만 어떤 대가도 기대하지 않고 순수하게 주기만 하는 것이 사랑이라면 그것은 배우기가 아주 힘들다. 그런 사랑을 하기는 아주 어렵다. 누군가를 사랑하기로 결심할 경우, 우리는 대개 그 사람에게 우리의 욕구를 충족시켜 주거나 영웅 숭배의 대상이 되어줄 것을 기대한다. 그리고 이런 기대가 충족된다면 우리는 원하던 대로 사랑에 빠질 수 있다. 이처럼 우리 일상에서 발견되는 대부분의 사랑은 거의 조건적인 사랑으로, 그것은 사실상 사랑이라기보다는 사업 거래에 가깝다. 우리는 따뜻한 느낌으로 타인과 소통하는 법을 모른다. 누군가에게 따뜻한 느낌을 전달하려고 시도할 때면 우리는 상당히 긴장을 하게 되는데, 그때 상대방이 재촉하면 우리는 모욕당한 느낌을 받는다.

이것은 매우 공격적인 접근법이다. 대승불교, 특히 명상적 전통을 지닌 유파에서는 대가를 기대하지 않는 자유로운 사랑, 열린 사랑을 사랑과 애정의 본보기로 삼는다. 그것은 상대와 함께 추는 춤이다. 춤추는 동안 서로의 발가락을 밟는다 해도 문제 삼지 않고, 모욕으로 간주하지도 않는다. 그것을 두고 화를 내거나 까다롭게 굴 필요가 없다. 사랑하는 법을 배우는 것, 가슴을 여는 법을 배우는 것은 우리 모두에게 가장 힘든 일 가운데 하나이다. 게다가 우리는 시종일관 열망에 의해 좌우된다. 우리는 인간 영역에 머물고 있기 때문에 항상 열망과 정욕에 휩쓸린다. 그래서 대승의 가르침은 개방성과 교감을 그 기본 바탕으로 삼고, 기대를 버리는 것을 중요시한다.

현상의 본성이 개념으로부터 자유로우며, 그 자체로 비어 있는 것이라는 사실을 우리가 깨닫기 시작한다면, 그리고 의자·탁자·양탄자·커튼·벽 등이 더 이상 방해가 될 수 없다는 사실을 깨닫기 시작한다면, 우리는 사랑이란 개념을 무한대로 확장시켜 나아갈 수 있을 것이다. 왜냐하면 방해물이 모두 사라지기 때문이다. 공의 본성에 대해 토론하는 것의 목적은 바로 우리에게 그 비어있음을 드러내어 공간 전체를 기대 없는 사랑, 요구 없는 사랑, 소유하지 않는 사랑 등과 같은 애정의 느낌으로 가득 채울 수 있도록 하는 것이다. 이는 대승불교가 기여할 수 있는 가장 강력한 것 가운데 하나이다.

반면 소승불교의 수행자들은 다른 사람에게 해를 끼치지 않으면서 개인적인 구원의 길을 걷는 일에 지극히 몰두한다. 그들은 사려 깊고, 좋은 의도를 지니고 있으며, 예의도 아주 바른 사람들이다. 하지만 다른 사람을 위해서는 아무 일도 하지 않고 개인적 구원에만 몰두한다면, 어떻게 진정으로 공손한 태도를 유지할 수 있으며, 어떻게 하루 종일 미소 지을 수 있겠는가? 그렇지만 친절하고, 다정하고, 공손한 태도를 취할 때조차 그들은 모든 일을 항상 자기 자신을 위해서 한다. 그렇게 하기는 아주 힘들다. 하지만 대승의 단계에서는 애정과 사랑의 느낌이 상당한 공간, 광대한 공간을 차지하며, 열린 태도와 대담성 등도 내포하고 있다. 당신이 애정을 방출할 수 있다면 말끔한 외관 같은 것에는 신경 쓸 필요가 없다.

어머니와 아이와의 관계는 상대적 보리심에 대해 다룰 때 자주 동원

되는 비유이다. 중세 인도와 티베트 전통에 의하면 어머니를 자애의 본보기로 삼는 것이 상대적 보리심을 계발하는 고전적 방식이라고 한다. 보통 아이들은 어머니에게서 따뜻하고 다정한 느낌을 받는다. 물론 현대에는 여기에 좀 문제가 있는지도 모른다. 하지만 그렇다면 당신은 중세의 어머니 관념으로 거슬러 올라가서 어머니가 자식을 위해 자신의 안락을 어떻게 희생해 왔는지 되새겨 볼 수 있다. 또한 당신은 당신이 한 밤중에 깨어나 울고 있을 때 어머니가 일어나서 젖을 먹여 주고 기저귀를 갈아 준 기억 등을 되돌아 볼 수도 있다. 그리고 자신이 조그만 집의 지배자로 군림할 때 어머니가 기꺼이 노예 역할을 해주었다는 사실을 기억해볼 수도 있다. 당신이 울 때마다 어머니는 좋든 싫든 당신에게 달려가 아기가 괜찮은지 확인해보곤 했다. 당신의 어머니는 정말로 그렇게 해주었다. 그리고 당신이 나이가 들었을 때 어머니는 당신의 안전과 교육 등에 깊은 관심을 가져주었다. 그러므로 상대적 보리심, 상대적 애정을 계발하기 위해 우리는 우리 어머니를 하나의 전형, 또는 흔히 말하듯 등대로서 활용한다. 어머니가 당신에게 베푼 친절은 다른 사람을 자기 자신보다 더 중요하게 여기는 훈련을 위한 완벽한 모범이다.

자기 어머니에 대해 숙고하는 것은 상대적 보리심 수행을 위한 예비 단계이다. 당신은 이것을 시작점으로 삼아야 한다. 어쩌면 당신은 분노로 가득 차서 전 우주에 원한을 품은 사람일지 모른다. 또는 완전히 좌절한 사람일지도 모른다. 하지만 그럼에도 당신은 어린 시절을 회상하면서 어머니가 얼마나 잘 대해 주었는지 생각해 볼 수 있다. 적대감과 분노에 차 있더라도 당신은 그렇게 할 수 있다. 누군가가 당신을 위해 자신의 삶을 희생하던 시절이 있었고, 그리하여 지금의 당신이 있을 수 있다는 사실을 되새겨 볼 수 있다.

상대적 보리심과 관련된 이 같은 개념은 어떤 의미에서는 매우 구식이다. 하지만 그것은, 보리심이라면 마땅히 그래야하듯, 일깨워주는 바도 매우 많다. 비록 당신이 불만으로 가득 찬 사람일지라도 전 생애에 걸쳐 자신을 도와준 사람이 아무도 없다고 말하지는 못할 것이다. 누군가는 당신에게 친절을 베풀었고 당신을 위해 자기 자신을 희생했다. 그렇지 않았다면 당신은 이 자리에 있지 못했을 것이다. 당신은 어머니께서 당신을 길러주고 돌봐준 것이 단순한 의무감 때문이 아니라 진심에서 비롯된 것임을 깨달을 수 있다. 그런 종류의 자비는 아무런 꾸밈도 없고 지극히 솔직하다.

이와 같은 이해를 기반으로 삼아서, 우리는 적대심·좌절감·반항심·분노 등을 넘어선 태도를 어머니 이외의 다른 사람들에게로까지 확대시키기 시작한다. 이 과정은 열망으로부터 벗어나 자의식을 굴복시키는 것을 중시하는 규율 바라밀과 연관된다. 전통적으로 우리는 어머니를 본보기로 삼는 것으로 시작하여 가까운 친구들로 범위를 넓히고, 나아가 주변 사람들 전체로 범위를 확대시켜 나아간다. 그리고 마지막으로는 우리의 적들과 우리가 싫어하는 사람들에게까지 보다 나은 감정을 지니려고 노력한다. 그렇게 우리는 온화함과 부드러움, 감사의 느낌을 확장시켜 나아간다. 이것은 기독교의 박애 개념을 다루는 것이 아니라 그저 우리 자신을 부드럽고 온전한 사람으로 만드는 법에 대해 이야기하는 것뿐이다. 어머니를 시작으로 해서 아버지에 이르고, 나아가 세상 모두를 포용할 수 있을 때까지 모든 사람을 대상으로 감사의 느낌을 경험할 수 있는 방법을 다루고 있는 것이다. 이 방법을 실천해 나아가다 보면 우리는 마침내 빈대와 모기들에게까지 동정심을 느끼기 시작할 수 있을 것이다.

상대적 보리심 수행은 다른 사람들이 정말로 우리 자신보다 중요할 수 있다는 사실을 깨닫는 데서부터 시작된다. 다른 사람들은 우리에게 끊임없이 문제를 가져다줄지 모르지만, 그럼에도 우리는 그들에게 친절을 베풀 수 있다. 상대적 보리심에 내재한 논리에 따르면, 우리는 자기 자신을 덜 중요하게 느끼고 타인을 더 중요하게 느껴야 한다. 그 어떤 타인이라도 자기보다 더 중요하다는 태도를 취하다 보면 우리는 마치 어깨에 지고 있던 엄청난 짐을 내려놓은 듯한 기분을 느끼기 시작하게 된다. 그러다가 마침내 우리는 사랑과 애정을 줄 수 있는 공간이 '나'라고 부르는 이곳 말고 다른 곳에도 생겨났다는 사실을 깨닫게 된다. "나는 이거야, 나는 저거야, 나는 배고파, 나는 피곤해, 나는 어쩌고 저쩌고." 하는 식으로 항상 자기 자신만 생각하기 보다는 다른 사람들도 생각해 줄 수 있게 된다. 그와 같은 관점에서 보면 상대적 보리심이란 것은 지극히 단순하고 평범한 무엇이다. 따라서 우리는 다른 사람들을 돌봐줄 수 있고, 사심 없이 봉사하는 태도를 익히는데 필요한 인내심을 지닐 수도 있게 된다. 뒤에 나오는 상대적 보리심 관련 주제들[주제 7-10]은 매우 단순한 방식으로, 이른바 실재에 가닿는 할머니식 접근법으로, 상대적 보리심을 일깨우는 방법을 일러 주는 지침들이다.

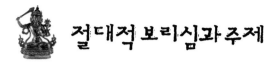# 절대적 보리심과 주제

2. 법을 꿈으로 간주하기

이 주제는 자비와 개방성의 표현이다. 그것은 살면서 하게 되는 모든 경험, 다시 말해 고통, 쾌락, 행복, 슬픔, 저속함, 고상함, 세련됨, 투박함, 더위, 추위 등과 같은 모든 경험이 순전히 기억일 뿐이라는 사실을 의미한다. 실제로 보티사트바 전통에서는 일어나는 모든 것은 유령으로 간주하는 수행을 한다. 결코 아무 일도 일어나지 않는다. 하지만 아무 일도 일어나지 않기 때문에 모든 일이 일어난다. 우리가 놀고 싶다는 욕구를 품었을 때, 실제로 일어나는 일은 아무것도 없어 보인다. 하지만 이런 상태에서는, 비록 모든 것이 그저 마음속의 생각일 뿐이긴 하지만, 모호한 사념이 무수히 일어난다. 여기서 그 '아무 일도 일어나지 않음'은 개방성의 경험에 해당되고, 모호한 사념의 연쇄는 자비의 경험에 해당된다.

당신은 앉아서 명상 수행을 하면서 그 꿈같은 성질을 경험해 볼 수 있다. 호흡에 집중을 하고 있는데 갑자기 이런 저런 생각이 일어난다고 해보자. 그러면 그때부터 당신은 대상을 보고, 듣고 느끼게 된다. 하지만 그러한 인식 내용들은 순전히 정신의 창조물에 불과하다. 마찬가지로, 당신은 적을 향한 적대감과 친구를 향한 사랑, 그리고 돈 · 음식 · 부 등을 향한 당신의 태도 모두가 생각의 한 부분일 뿐이라는 사실을 이해할 수 있다. 현상을 꿈으로 간주한다는 것은 모든 대상을 졸린 눈으로 보듯이 흐릿하고 모호하게 바라본다는 의미가 아니다. 사실 당신은 현실처럼 생생하고 그림 같은 꿈을 꾸기도 한다. 현상을 꿈으로 간주한다는 것은 비록 당신이 사물들을 매우 딱딱한 것으로 생각한다 하더라도 그들을 꿈의 대상처럼 부드럽게 바라본다는 의미이다. 예를 들어, 만일 당신이 단체 명상 수행에 참여해본 적이 있다면, 명상용 방석과 앞에 앉았던 사람에 대한 기억이 음식과 종소리, 당신 침대에 대한 기억들처럼 매우 생생할 것이다. 하지만 당신은 이런 대상들을 확고하고, 진실되고, 견실한 것으로 간주해서는 안 된다. 현실이라 모르는 것이 정말 진실 된 것인지, 혹시 환영에 불과한 것은 아닌지 의심스럽기 때문이다.

인식 대상들은 꿈같은 특성을 지니고 있다. 하지만 동시에 이 마음의 산물들은 아주 생생하기도 하다. 만일 당신에게 마음이 없다면 그 어떤 것도 인식하지 못할 것이다. 마음이 있기 때문에 사물을 인식할 수 있는 것이다. 따라서 당신이 인식하는 대상은 감각 기관을 감각 인식의 통로로 활용하는 당신 마음의 산물이라고 할 수 있다.

3. 자각의 본성 탐구하기

당신은 마음의 근원을 봐야 한다. 내면의 사고과정들로 분산되지 않은 단순 자각을 직시하고, 그것을 이해해야 한다. 탐구하는 것은 분석하는 것과 다르다. 탐구는 사물들을 있는 그대로 그저 바라보기만 하는 것을 의미한다.

우리 마음을 '태어나지 않은' 자각이라 부르는 이유는 우리가 그 기원을 모르기 때문이다. 우리는 이 마음이 — 우리의 정신 나간 마음이 — 애초에 어디에서 일어난 것인지 모른다. 그것은 형상도 없고, 색깔도 없고, 특정한 성질도 없다. 그것은 보통 깜박이며 켜졌다가 깜박이며 꺼지고, 꺼졌다가도 다시 켜지기를 반복한다. 그것은 어떤 때는 동면을 취하지만, 또 어떤 때는 이 모든 곳에 걸쳐 존재한다. '그 마음을 바라보라.' 이 같은 관조는 절대적 보리심 수행의 한 부분이다. 우리의 마음은 뒤로 앞으로, 앞으로 뒤로 끊임없이 요동친다. 그것을 바라보라, 그것을 직시하라!

당신은 모든 법을 꿈으로 간주하면서 온갖 종류의 쓸데없는 영상과 환상을 즐기는데 매혹될 수도 있다. 따라서 '태어나지 않은 자각의 본성을 탐구한다.'라는 다음 주제를 숙고하는 것은 매우 중요하다. 당신이 단순한 지각의 수준 너머를 바라보면, 다시 말해 자기 자신의 마음을 바라보면 ─ 실제로 이렇게 할 수는 없고, 하는 척만 할 수 있지만 ─ 당신은 거기에 아무것도 없다는 사실을 발견하게 된다. 그리고 당신은 움켜쥘 것이 아무것도 없다는 사실을 깨닫기 시작한다. 마음은 '태어나지 않은' 무엇이다. 하지만 동시에 그것은 '자각'이기도 하다. 당신은 여전히 사물들을 인식하기 때문이다. 그리고 그 인식에는 자각과 명료성이 있다. 그러므로 당신은 법을 꿈으로 인식하는 자가 실제로 '누구'인지 살펴봄으로써 마음에 대해 숙고해 봐야 한다.

만일 당신이 마음의 뿌리, 그 바탕을 더욱 더 깊이 들여다본다면, 마음이 색깔도 없고 형상도 없는 무엇이란 사실을 발견하게 될 것이다. 근본적으로 말해 당신의 마음은 다소 텅 비어 있다. 그 안에는 아무 것도 없다. 지금 우리는 일종의 공에 가 닿을 가능성을 계발하고 있다. 비록 이 경우에는 그 체험이 단순하고 실천 가능한 무엇이란 점에서 매우 기초적인 것이긴 하지만 말이다. 우리가 마음의 뿌리를 바라보면, 다시 말해 우리가 사물을 보고, 소리를 듣고, 감촉을 느끼고, 향기를 맡는 이유가 무엇인지 밝혀내려 시도하다 보면, ─ 그 이유 너머를 보고 다시 그 너머를 바라보다 보면 ─ 우리는 일종의 공백을 발견하게 된다.

그리고 그 공백은 알아차림과 연관되어 있다. 우선 당신은 어떤 '대상'을 알아차린다. 즉 당신은 자기 자신을 알아차리고, 주변 환경을 알아차리고, 자신의 호흡을 알아차린다. 하지만 당신이 알아차리는 '대상'을 넘어서 그렇게 알아차리는 '원인'을 바라다본다면, 당신은 거기에 아무런 뿌리도 없다는 사실을 발견하게 될 것이다. 그러면 모든 것이 녹아내리기 시작한다. 그것이 태어나지 않은 자각의 본성을 탐구하라는 주제의 의미이다.

4. 해독제조차 떨쳐 버리기

마음 자체를 바라보다 보면 궤변적인 생각이 들 때가 있다. 우리는 이렇게 말한다. "그 어떤 대상에도 뿌리가 없다면 더 이상 뭐 할게 있나? 이 모든 수행을 하는 이유가 대체 뭐야? 그냥 이 모든 대상의 배후에 아무런 뿌리도 없다고 믿어버리면 그만 아닌가?" 이 시점에서는 '해독제조차 떨쳐 버린다.'는 주제가 큰 도움이 된다. 여기서 해독제란 이 산만한 생각의 흐름이 아무런 원인도 없이 일어나는 것이라는 깨달음을 의미한다. 이런 깨달음은 커다란 도움이 된다. 그것은 하나의 해독제, 또는 유용한 암시라고 할 수 있다. 하지만 우리는 그 해독제 너머로 나아갈 필요가 있다. 우리는 해독제가 일으킬 수 있는 나약한 생각을 고수해서는 안 된다.

이 해독제에는 모든 것이 공하므로 걱정할 일이 아무 것도 없다는 의미가 내포되어 있다. 당신은 마음이 텅 비어 있다는 사실을 가끔씩 맛본다. 그리고 이 같은 공의 경험 자체의 본성으로 인해, 큰 일이 벌어지든 작은 일이 벌어지든 사실 별 문제도 아니라고 생각한다. 그것은 마치 장난으로 상대를 긴장시켰다가 등을 두드리며 웃음을 터뜨리는 농담과도 같다. 크게 문제될 일은 아무 것도 없으니 그냥 일어나게 내버려두자. 모든 것이 공인데 뭐가 걱정인가? 당신은 살인을 할 수도 있고, 명상할 수도 있고, 예술품을 만들 수도 있고, 그 밖의 무슨 짓이든 다 할 수 있다. 무슨 일을 하든 모든 것이 명상일 테니. 하지만 이런 접근법에는 아주 수상쩍은 면이 있다. 이런 식으로 공에 머무는 태도는 '공의 독'이라 불리는 일종의 오해이다.

어떤 사람들은 자신들이 항상 '이해하고' 있기 때문에 앉아서 명상을 할 필요가 없다고 말한다. 하지만 이런 태도는 아주 미심쩍다. 나는 그런 사람들에 반대하기 위해 매우 애를 써왔다. 앉아서 실제로 명상을 훈련하지 않는 한, 나는 그들을 결코 믿지 않는다. 로키 산에 있는 호수에서 낚시를 하면서도 명상할 수 있고, 자동차를 몰면서도 명상할 수 있고, 접시를 닦으면서도 명상할 수 있다고—이것은 어떤 의미에서는 비교적 정당하다고—말하더라도 나는 믿지 않는다. 그것이 일상을 영위하는 진정한 방법일 수는 있지만, 그래도 아직 매우 의심스럽다.

이 해독제에는 명상 상태를 유지하기만 한다면 원하는 대로 행동할 수 있고 아무 문제도 없을 것이라는 식의 모든 개념이 포함된다. 이런 경우에서는 해독제, 그 외관뿐인 해독제조차 떨쳐버리라고 가르친다. 우리는 매일 저녁마다 영화를 보러 가거나, 텔레비전을 보거나, 말을 손질하거나, 개에게 밥을 주거나, 숲에서 산책을 하면서 그것을 명상이라고 생각할 수 있다. 서양식 전통, 또는 인격신을 섬기는 전통에서는 이런 식으로 오해 할 가능성이 매우 크다.

유신론적 전통에서는 명상이나 묵상을 황홀한 것으로 묘사하곤 한다. 신과 관련된 유명한 관념 중 하나는 그가 세상의 창조주라는 것이다. 숲도, 성의 폐허도, 바다도 모두 신이 만든 창조물이다. 그러므로 우리는 수영을 하면서도 명상을 할 수 있고, 신이 만든 해변에 누워 환상적인 시간을 보낼 수도 있다. 하지만 이 같은 유신론적 자연 숭배는 이제 골칫거리가 되었다. 이 나라에는 휴양객과 자연 숭배자, 사냥꾼 같은 사람들이 너무 많다.

내가 명상을 가르쳤던 스코틀랜드의 삼예 링(Samye Ling) 명상원 부근에는 산업도시 버밍엄에서 온 아주 친근한 이웃이 살고 있다. 그중 한명은 주말마다 명상원 근처로 와서 여가를 보내곤 했다. 가끔씩 명상원에 들러 우리와 같이 앉아있기도 했지만 이런 말을 하기도 했다. "앉아서 명상들 하시는 모습 보기 좋습니다. 하지만 저는 숲 속을 걸어 다니면서 총으로 동물들을 쏘는 것을 훨씬 좋아합니다. 숲 속을 거닐면서 동물들이 뛰어다닐 때 내는 날카롭고 섬세한 소리를 들으면 아주 명상적으로 되거든요. 그들을 총으로 쏠 수도 있죠. 게다가 저는 무언가 가치 있는 일을 하고 있다는 느낌도 받습니다. 사슴고기를 가져와서 요리를 한 다음 가족과 나눠 먹으면 기분이 아주 좋아집니다."

이 주제의 핵심은 그런 식의 해독제, 또는 대안 요법들을 적절한 것으로 간주해서는 안 된다는 것이다. 우리는 지금 특별히 깨달음을 추구하는 것도 아니고 간단한 적정의 경험을 추구하는 것도 아니다. 우리는 자신의 기만성을 극복하려고 노력하는 중이다.

5. 본성에 머물며 휴식하기

이 주제의 의미는 절대적 보리심에 대한 이해를 지닌 채로 앉아서 명상 수행을 함으로써 일곱 가지 유형의 의식을 실제로 넘어서 마침내 여덟 번째 의식인 알라야에 머물며 휴식을 취하라는 것이다. 처음 여섯 가지의 의식 유형에는 ① 시각 의식, ② 청각 의식, ③ 후각 의식, ④ 미각 의식, ⑤ 촉각 의식, 또는 느낌, ⑥마음 의식, 또는 다른 다섯 가지 의식을 다스리며 조화시키는 기본 요인과 같은 감각 인식이 속한다.(통상적으로 눈, 귀, 코, 혀, 몸, 마음 의식이라고 한다.) 그리고 일곱 번째 유형의 의식인 ⑦ 성가신 마음은 이 모든 하위 의식에 에너지를 공급하는 일종의 응집체라 할 수 있다. 그것은 티베트어로 뇬이(nyon-yi)라고 하는데, 여기서 뇬(nyon)은 '성가신', '불결한', '신경증' 등을 의미하는 뇬뫙(nyon-mong)의 축약어이고, 이(yi)는 '마음'을 뜻하는 단어이다.

자신의 마음을 근원 의식인 알라야에 내려놓고 쉬게 하라는 가르침이 뜻하는 바는 자기 자신을 일곱 겹의 마음으로부터 해방시킴으로써 간소하고, 명료하며, 분별하지 않는 마음 상태 속에서 휴식할 수 있도록 하라는 것이다. 그러면 당신은 시각, 냄새, 소리, 그리고 그 밖의 모든 것들이 자신의 본거지, 또는 중앙 본부로부터 비롯된 산물이라는 느낌을 경험하기 시작하게 된다. 당신은 그들을 인식한 뒤, 그런 산물들이 일어난 중앙 본부로 되돌아온다. 그리고 그런 산물들을 일으킬 필요가 없다는 사실에 머물며 휴식을 취한다.

이 주제에는 근원적 집중상태(shamatha)라고 부를 수 있는 일종의 안

식처가 있다는 관념이 내포되어 있다. 당신 마음속에는 출발점인 동시에 도착점이라 할 만한 지점이 존재한다. 당신은 나를 바라보면서 나를 바라보는 자기 자신이 있다는 사실을 확인할 수 있다. 하지만 당신은 기존의 자신을 '넘어선' 곳이 있다는 사실을 확인함으로써 어떤 회귀 장치가 이미 작동중이라는 점을 깨달을 수도 있을 것이다. 이처럼 이 주제의 중심 의미는 알라야 안에서 휴식을 취하라는 것, 그 회귀 장치와 함께 머물라는 것, 질서와 정보들이 발생하는 그곳에 머물며 쉬라는 것이다.

이 모든 논리, 또는 과정은 당신이 자기 자신을 애초부터 믿어왔다는 당연한 사실을 기반으로 한다. 당신은 자기 자신에 대해서라면 긴장을 풀 수 있다. 그것이 절대적 보리심의 핵심이다. 당신은 밖으로부터 무언가를 얻어내기 위해 자기 자신으로부터 끊임없이 달아날 필요가 없다. 당신은 그저 집으로 돌아와서 긴장을 풀고 쉴 수 있다. 이 주제에 담긴 중심 가르침은 이처럼 즐거운 나의 집으로 되돌아오라는 것이다.

이 상태에 머물면서 당신은 자기 자신에게 더 잘 대해주려고 노력한다. 당신은 경직된 논리를 따라가지 않고, 산만한 생각을 포함하는 온갖 종류의 굳어진 개념적 사고도 따라가지 않는다. 알라야의 본성 속에서 쉰다는 것은 여섯 가지 감각 의식을 넘어서고, 이 여섯 의식을 일으키는 근본 잡념인 일곱 번째 의식마저 넘어서는 것을 의미한다. 근본적 알라야 자체는 이 모두를 넘어선다. 일상적인 상황에서 조차 그 모든 것이 어디서 왔는지 알아내기 위해 흔적을 추적하다 보면, 당신은 어떤 근원적 휴식의 차원에 가닿게 될 것이다. 당신은 근원적 존재상태, 그 존재의 차원에 머물며 휴식을 취할 수 있다.

이 근본적 알라야 자체를 시작으로 해서, 우리는 알라야 비즈나나(alay-vijnana), 즉 알라야 의식을 일으키게 된다. 이 알라야 의식은 분별을 한다. 우리는 이것과 저것, 이 사람과 저 사람 사이에 구획을 긋기 시작한다. 그것이 의식의 개념이다. 우리는 그것을 누가 우리 편이고 누가 적인지 분별하는 '자' 의식이라고 부를 수조차 있다. 하지만 근본적 알라야 자체는 그 어떤 편견도 지니지 않는다. 근본적 알라야 자체를 선천적인 덕이라 부르는 것도 그 때문이다. 그것은 중립적이다. 그것은 남성도 아니고 여성도 아니기 때문에 어느 편에도 속하지 않고, 따라서 상대 성(性)에게 구애를 하지도 않는다. 그렇지만 알라야 '의식'은 편견을 갖는다. 그것은 구애라는 행위를 내포하고 있기 때문에 남성이나 여성, 둘 중 하나다.

근원적 주의력인 수가타가브하(sugatagarbha)는 알라야 너머에 있다. 하지만 그것은 항상 알라야와 함께 다닌다. 그것은 알라야 위에 있지만, 그 알라야 상태를 포괄하기도 한다. 알라야는 근본적 선을 지니고 있다. 하지만 수가타가브하는 더 위대한 선을 지니고 있다. 그것은 깨어있음 그 자체이다. 그 깨어있음의 관점에서 바라보면 근원적 알라야조차 특정한 종류의 의식이라고 말할 수 있다. 알라야 그 자체는 공식적인 의식의 범주에 포함되지 않지만, 그것은 일종의 자각이며, 심지어는 일종의 세속적 마음이라고 할 수도 있다. 하지만 수가타브하는 알라야 너머에 있다. 그것은 알라야의 선조, 또는 부모로서 그 자체로 불멸이다.

당신이 처음으로 감각 대상을 인식하는 경우, 그 인식의 과정에는 여러 요인들이 포함된다. 당신은 사물을 인식하는 현실적 도구들, 다시 말해 눈, 귀 등과 같은 신체 기관을 지니고 있다. 그리고 그것 너머에는 특정 사물에 대해 숙고하기 위해 그러한 도구들을 사용하는 정신 기능들이 존재한다. 만일 당신이 그 정신 기능들 너머로 까지 나아가면 그곳에는 그런 정신 기능을 수행하는 것과 관련된 의도, 즉 그 인식 대상들과 어떤 식으로 관계를 맺어야하는지 알고 싶어 하는 호기심, 또는 의문 같은 것들이 있다는 사실을 알게 된다. 그리고 당신이 이 모든 것들 너머로 되돌아간다면, 당신은 거기서 그 모든 것의 바탕에 있는 근본 존재를 발견하게 된다. 그것이 다름 아닌 알라야 그 자체이다.

로종에 관한 이 경전에서는 그 바탕 경험을 근본적 선이라고 부른다. 이처럼 이 주제는 단순히 의식의 투사가 일어나는 구조적이고 기계적인 과정만 다루는 것이 아니라, 경험 자체를 대상으로 한다. 그 과정은 영사기의 비유를 통해 묘사해 볼 수 있다. 우리에게는 현상 세계라는 스크린이 있다. 그래서 우리는 우리 자신을 그 현상 세계 위에다 투사시킨다. 그리고 우리에게는 필름, 즉 끊임없이 프레임을 바꾸는 변덕스런 마음도 있다. 따라서 우리는 스크린 위에 투사된 움직이는 사물을 보게 된다. 이 움직이는 사물은 필름을 끼워 넣는 무수한 홈과 투사 과정이 연쇄적으로 일어나도록 하는 장치를 지닌 영사기에 의해 기계적으로 산출된다. 이 과정은 감각 기관들이 작용하는 방식과 완전히 일치한다. 예컨대 보는 과정과 듣는 과정이 연달아 일어나면 우리는 소리를 들을 때 보기도 한다고 생각한다. 사물들이 매순간 완전히 변함에도 불구하고 시간이라는 수단을 통해 사물들을 서로 연계시키는 것이다. 그리고 마지막으로 이 모든 것의 배후에는 전구가 있다. 이 전구는 그 모든 것을 스크린 위에다 투사시키는 역할을 한다. 바로 그 전구가 모든 것의 원인이다. 따라서 알라야의 본성 속에서 쉬는 것은 영사기 뒤에 있는 전구의 본성 속에서 쉬는 것과도 같다. 알라야도 그 전구와 마찬가지로 찬란하게 빛을 발한다. 그 전구는 이 기계의 다른 부분들처럼 변덕스럽지 않다. 그것은 스크린에 뭐가 나타나는지, 또는 이미지가 어떻게 전개되는지 아무런 관심도 없다.

알라야 속에서 쉬는 것은 실제적인 절대적 보리심 수행이다. 그런 휴식은 앉아서 명상 수행을 하는 도중에 일어난다. 당신은 그와 같은 의식의 층위에서 절대적 보리심을 경험하게 된다. 절대적 보리심은 현상이란 것이 딱딱하지는 않지만 동시에 명백한 무엇이라는 깨달음 그 자체이다. 영사기의 비유를 다시 동원하자면, 당신은 그 전구를 수행대상으로 삼아야 한다. 당신은 영사기에서 전구를 빼내어 마음속의 구식 고정장치에 죄어 넣은 다음 그것을 관찰한다. 그러면 알라야의 본성이 드러나게 된다.

이러한 주제를 다루는 것이 당황스러울지 모르지만, 이 책은 일반 수행자를 위한 책이다. 우리가 하려는 일은 알라야 자체를 계발하는 것이 아니라 단지 알라야를 디딤돌로 활용하려는 것뿐이다. 알라야 그 자체만 계발하려 한다면 위험해질 수 있다. 이 책에서 다루는 알라야는 사다리의 한 단일 뿐이다. 우리는 단지 명료한 마음, 기본적이고 순수한 마음으로서의 알라야에 대해서만 간단히 다루고자 한다. 그것은 간소하고, 청명하며, 잡념이 섞이지 않은 아주 기본적인 알라야이다. 그것은 여덟 번째 의식 그 자체를 포함해서 모든 의식들로부터 완전히 자유롭지는 못할지 모르지만, 그럼에도 근본적인 잠재성을 지닌 알라야이다.

우리는 이 점을 아주 분명히 이해해야 한다. 우리는 이 시점에서 불성을 즉시 깨닫고자 시도하고 있는 것이 아니다. 알라야 안에서 쉬라는 이 가르침은 아주 초보적인 단계를 밟고 있는 사람들에게 주어지는 것이다. 우리 중 많은 사람들이 문제를 지니고 있고, 자기가 제대로 앉아 있는 건지 그렇지 않은 건지도 잘 모른다. 그래서 우리의 기본 전제들을 탐구하려고 시도하는 것이다. 그것은 속도를 늦추는 과정이라고 할 수 있다. 우리는 태어나서 처음으로 느긋해지는 법을 배우고 있다.

6. 명상 후 환영의 아이로 지내기

환영의 아이가 된다는 말은 자신의 선입관으로부터 인식을 형성해 내는 과정에 의해 모든 것이 영향을 받는다는 느낌, 그 느낌이 명상 후의 경험에 배어들게 된다는 것을 의미한다. 만일 이런 과정을 극복하고 근본적인 이해나 자각을 불어 넣을 수 있다면, 당신은 지금 벌어지는 이 게임이 대단한 게임이 아니라 단순히 가상의 게임일 뿐이라는 사실을 이해하기 시작하게 될 것이다. 이 사실을 깨달으려면 상당한 수준의 알아차림과 자각을 함께 작동시켜야 한다. 여기서 다루려는 내용은 행위 중의 명상, 즉 명상 후의 훈련에 관한 것이다.

지금 말하는 환영은 흐릿함, 혼미, 신기루 같은 것과는 무관하다. 환영의 아이가 된다는 것은 앉아서 명상을 하는 동안 — 알라야의 본성 속에서 쉬면서 — 겪은 체험을 명상 후의 일상으로까지 연장시킨다는 뜻이다. 계속해서 영사기에 비유해가며 설명하자면, 당신은 명상 후의 기간 동안에는 그 전구를 빼내서 들고 다닌다. 이 시점에는 스크린이나 필름을 갖고 있지 않을지도 모르지만, 그렇다면 당신은 그 전구를 손전등으로 변환시켜서 항상 손에 들고 다닌다.

앉아서 하는 명상을 마치고 나면, 당신은 현상을 딱딱하게 응고시킬 필요가 없다는 사실을 깨닫게 된다. 대신 당신은 수행을 계속해 나아가면서 일종의 지속적 자각을 계발시킬 수 있다. 사물들이 다시 무겁고 딱딱해지면, 당신은 그들에게 알아차림과 자각을 비춰준다. 그런 식으로 당신은 모든 것이 유연하고, 따라서 대처 가능하다는 사실을 이해하기 시작하게 된다. 당신은 '그들'이 당신을 공격하거나, 파괴하거나, 죽이지 않을 것이라는 마음가짐, 다시 말해 현상 세계가 악하지 않다는 신념을 지니게 된다. 모든 것이 편안하고 대처 가능하다.

그것은 마치 수영을 하는 것과도 같다. 당신은 당신의 현상세계를 헤엄쳐 나아간다. 그냥 떠있을 수만은 없고 수영을 해야 한다. 당신은 팔과 다리를 사용해야 한다. 팔과 다리를 사용하는 그 과정은 알아차림과 자각이라는 기본 동작에 해당된다. 그것은 물을 '첨벙'대는 과정이다. 당신은 첨벙거리며 사물들을 헤쳐 나아간다. 이처럼 명상 후의 기간 동안 당신은 끊임없이 수영을 한다. 그리고 명상 도중에는 앉은 채로, 아주 단순하게, 알라야의 본성 속에서 휴식을 취한다. 이것이 절대적 보리심을 계발해 나아가는 방법이다. 그것은 매우 간소하고 평범하다. 당신은 그것을 실제로 실천할 수 있다. 이것이 이 가르침의 전부이다.

이 주제는 추상적이지 않다. 당신은 단순히 현상을 바라보면서 그들이 푹신푹신한 벽과 같다는 점을 이해하면 된다. 사방에 걸쳐있는 푹신한 벽, 그것이 환영이다. 당신은 차를 마시거나 다른 어떤 행위를 하면서 매우 날카로운 무언가와 부딪칠 것을 예상하지만, 곧이어 사물들이 당신과 접촉하는 즉시 튀어나간다는 사실을 발견한다. 대립은 사실상 그다지 날카롭지 않다. 모든 것이 당신의 알아차림과 자각의 일부이기 때문이다. 텔레비전 탁구게임에서 왔다 갔다 하는 공처럼 모든 것이 되 튀어나간다. 공이 되돌아올 때 환영의 아이로 머물지 않음으로써 그것을 밖으로 내던져 버릴 수도 있지만, 그러면 공은 경고음을 내면서 다시 되돌아온다. 그래서 당신은 다시 환영의 아이가 된다. 처음 떠올린 생각이 가장 좋은 생각이라는 교훈은 여기에도 적용된다. 당신은 사물을 바라보면서 그것이 부드럽고 끊임없이 되 튀어나가는 성질을 지닌다는 점을 깨닫는다. 하지만 이것은 사실 지적으로 이해할 문제는 아니다.

이 주제는 알아차림과 자각을 통해 어떻게 절대적 보리심을 키울 수 있는지 배우는 것과 관련된다. 우리는 명상 후에 마주치는 사물들이 유연하고, 주변에 크나큰 공간을 머금고 있다는 사실을 실제로 경험하는 법을 배워야 한다. 환영의 아이가 된다는 말의 기본 의미는 폐쇄 공포증을 느끼지 않는다는 것이다. 앉아서 명상을 하고 난 뒤 당신은 이렇게 생각할지 모른다. "아, 이런 이제 명상 후 수행을 해야 하는 군." 하지만 당신은 갇혔다고 느낄 필요가 없다. 대신 당신은 스스로를 환영의 아이로 느낄 수 있다. 즉 자신이 춤을 추듯 돌아다니면서 경고음과 함께 다가오는 작은 대상들을 향해 끊임없이 영역을 넓혀 나아가고 있다고 느낄 수 있다. 그것은 신선하고, 단순하며, 매우 효과적이다. 결국 이 주제의 핵심은 자기 자신에게 더 잘 대해주라는 것이다. 당신이 휴가를 가고 싶다면 그렇게 하되 여전히 환영의 아이로 머물러야 한다. 사물들이 경고음을 내면서 끊임없이 당신에게 다가오기 때문이다. 그것은 매우 명백한 사실이만, 동시에 거의 종잡을 수 없다.

환영의 아이가 되는 것은 아주 간단하다. 그것은 현상의 유희에 내재된 단순성을 깨닫고 그 단순성을 자각과 알아차림 수행의 일부로 활용하려는 노력 그 자체이다. '환영의 아이', 이것은 매우 강력한 문구이다. 그것에 대해 생각해보고, 실제로 되려고 노력해보라. 당신에게는 무수한 기회가 있다.

상대적 보리심과 주제

7. 보내기와 받아들이는 수행하기

보내기와 받아들이기는 보티사트바의 길을 가는데 있어 매우 중요한 수행이다. 티베트에서는 그 수행을 통렌(tonglen)이라고 부르는데, 여기서 통(tong)은 '내보내기', 또는 '내려놓기'란 의미를 지니고, 렌(len)은 '받아들이기', 또는 '허용하기'라는 뜻을 지닌다. 이 '통렌'이란 용어는 매우 중요하므로 기억해둘 필요가 있다. 그것은 상대적 보리심을 계발하기 위해 활용되는 중요한 수행이다.

주제는 이렇게 말한다. "이 둘은 호흡을 타고 흐른다." 우리는 줄곧 호흡을 하나의 방편으로 활용해왔다. 지속적으로 이어지는데다가, 우리에게 매우 자연스럽게 느껴지는 현상이기 때문이다. 그러므로 우리는 여기서도 호흡을 활용한다. 사마타 수행을 할 때와 정확히 같은 방식으로. 통렌 수행은 매우 직접적이다. 그것은 앉아서 하는 실제적 수행이다. 당신은 행복과 쾌락 등 좋게 느껴지는 것은 무엇이든 내보낸다. 이 모든 것이 날숨과 함께 나아간다. 그리고 들숨과 함께 원망과 문제 등과 같이 나쁘게 느껴지는 것은 무엇이든 들이 쉰다. 이 전 수행의 요점은 영역개념을 완전히 제거하는 것이다.

통렌 수행은 아주 단순하다. 우리는 선과 악에 대한 교리상의 정의를 먼저 해결할 필요가 없다. 그저 단순히 기존에 좋게 여겼던 것들을 내쉬고 나쁘게 여겼던 것들을 들이쉬면 된다. 처음에는 주로 좋음과 나쁨에 대한 '개념'들과 관계하는 것처럼 보일지 모르지만 계속해 나아가다 보면 수행이 더 실제적으로 된다. 한편으로, 당신은 지난 5년간 불화를 겪어온 할머니로부터 친밀한 편지를 기대할 수 없다. 통렌을 3일 수행했다고 그녀가 친절히 편지를 써 보내지는 않을 것이다. 하지만 다른 한편으로 내보내고 받아들이는 수행은 아주 자연스럽게 좋은 효과를 분명히 낼 것이다. 내 생각에 그것은 일반적인 마음가짐과 태도의 문제이다.

우리를 죽일 수도 있는 독을 들이마시면서 좋은 것들을 내쉬는 행위가 가끔은 끔찍하게 느껴지기도 할 것이다. 그것은 아주 실용적이지 못해 보이지만 일단 효과를 보기 시작하면 우리에게 전보다 더 많은 선(善)이 있고, 들이쉴 것도 더 많음을 깨닫게 된다. 이처럼 이 전 과정은 다소간 균형이 잡힌다. 항상 그렇다. 하지만 그렇게 되기까지는 긴 훈련이 요구된다. 보내는 것과 받아들이는 것은 상호의존적이다. 열린 마음과 자비심을 지닌 채로 부정성을 더 많이 들이쉴수록, 반대편에는 내쉴 수 있는 긍정성이 더 많아진다. 따라서 잃는 것은 아무것도 없다. 그것은 모두 하나의 과정이다.

통렌을 수행하면서, 우리는 지각 있는 다른 존재들의 고통을 떠맡고자 열망한다. 우리는 정말로 그런 의도를 지닌다. 실제로 그 고통을 짊어지려고 하는 것이다. 이 의도는 그 자체만으로 수행자 자신과 다른 사람들의 현실에 영향을 미칠 수 있다. 카담파(Kadampa)의 한 위대한 스승에 대한 일화가 있다. 그는 통렌을 수행하던 중 다른 존재의 고통을 실제로 떠맡았다. 스승의 집 밖에서 누군가가 개에게 돌을 던졌는데, 이 스승 자신이 상처를 입은 것이다. 그런데 이런 일은 우리에게도 일어날 수 있다. 하지만 통렌은 어떤 해독제처럼 쓰여서는 안 된다. 당신은 수행을 한 뒤 효과를 기대하지 않는다. 그저 수행을 하고는 내려놓는다. 효과가 있건 없건 상관없다. 효과가 있으면 그것을 내쉬고, 효과가 없으면 그것을 들이쉰다. 그러면 아무것도 소유하지 않게 된다. 이것이 바로 핵심이다.

당신은 보통 당신이 지닌 좋은 것들을 움켜쥐고 싶어 한다. 자기 주변에 울타리를 치고 나쁜 것들은 죄다 밖으로 내놓고 싶어한다. 외국인이든 이웃이든, 아니면 그 무엇이든 간에 당신은 그것들을 안으로 들이고 싶어하지 않는다. 심지어는 이웃집 개가 잔디를 망칠까봐 이웃이 집 근처에서 애완견을 산책시키는 것도 싫어한다. 이처럼 일반적인 삼사라의 일상에서 당신은 내보내지도, 받아들이지도 않는다. 자신을 위해 사소한 쾌락의 상황들을 만들어낸 뒤 그것을 지키는 데만 혈안이 되어 있다. 당신은 그것들을 통조림에 든 과일처럼 순수하고 깨끗한 상태로 진

공포장하려고 한다. 당신은 될 수 있는 한 꽉 붙잡으려고만 하며, 자기 영역 바깥에 있는 것들은 문제가 있는 것으로 여긴다. 당신은 유행하는 감기나 설사병에 걸리지 않으려고 계속 피해 다니려고만 한다. 둘레에 성을 쌓거나 벽을 세울 만큼의 돈은 없을지 모르지만, 믿을만한 대문이 있다. 당신은 항상 그 문을 이중으로 잠근다. 호텔에 들어갈 때조차 관리인에게 항상 문을 이중으로 잠그고 누군지 확인하기 전에는 아무도 들이지 말라고 충고한다. 호텔 문 뒤에 붙은 유의사항을 읽어보면 아마 그런 내용을 발견할 수 있을 것이다. 그렇다면 우리는 정신이 나간 것이 아닐까?

기본적으로 말해, 대승의 길은 우리에게 스스로를 지킬 필요가 없음을 보여주려고 한다. 우리는 밖으로 조금, 아니 상당히 많이 확장해 나아갈 수 있다. 보내고 받아들이는 수행의 기본 의도는 열망 없음(passionlessness)을 연습하고 훈련하는 것이다. 그것은 영역개념을 극복하는 하나의 방법이다. 영역개념을 극복하는 것은 날숨과 함께 나아가는 것, 내어주고 내보내는 것과 다른 사람들의 고통과 고뇌를 들숨과 함께 가능한 많이 들여오는 것으로 이루어진다. 당신은 그 고통과 고뇌의 대상이 되고자 한다. 당신은 그것을 완전하고 철저하게 경험하기를 원한다.

당신은 통렌이라는 매우 직접적인 수행을 실천함으로써 타인을 먼저 배려하는 태도를 훈련한다. 그렇다면 실제로 어떻게 해야 하는 것일까? 길거리에서 누군가에게 달려들어 "제가 사탕 드릴 테니 휴지 쪼가리 주실래요?"라고 말하기라도 해야 할까? 원한다면 물론 그렇게 할 수도 있고, 수완만 좋다면 상대에게 불쾌감을 주지 않을 수도 있을 것이다.

하지만 그것은 버릇없이 타인을 실험대상으로 삼는 짓이다. 우리가 하려는 수행은 이와 다르다. 우리에게는 타인을 우선시하는 태도를 훈련시켜주는 방편이 있다. 내어주고 받아들이는 자세를 호흡에다 실어 보내면서 연습하는 방법이 그것이다. 통렌의 첫 번째 단계는 보내고 받아들이는 수행을 정신적이고 심리적인 차원에서부터 서서히 진행시켜 나아가는 것이다. 그러다 보면 마지막에 가서는 실제로 그런 행동을 할 수 있게 된다. 경전에 보면 한 손에 과일 조각을 들고 다른 손에다 건네주면서 통렌을 수행할 수도 있다고 적혀 있다.

통렌 수행에 장애가 되는 요인들은 분명 무수히 많다. 그리고 우리가 현대 산업 사회에 속해있다는 사실은 특히 문제가 된다. 하지만 당신은 그것을 한걸음 한걸음 배워나갈 수 있고, 그러다 보면 실제로 성장하게 되어, 진정으로 어른 역할을 할 수 있게 된다. 이 주제의 주된 요점은 자신을 타인과 바꿔 생각하는 심리적 태도를 계발하라는 것이다. 즉 당신은 존 도로 머무는 대신 존 슈미트가 될 수도 있어야 한다. 자존심이 엄청 세고 정신적 자산이 넘쳐난다 하더라도 당신은 그런 태도를 연습하기 시작할 수 있다. 분명 통렌에서 무엇보다도 중요한 것은 심리 상태이다. 만일 사람들이 자기가 가진 것을 무작정 주기만 한다면 도리어 엄청난 갈등이 발생할 것이다. 하지만 당신이 소중한 것을 나눠주는 태도를 익히고, 다른 사람들에게 기꺼이 베풀겠다는 정신 자세를 계발해 나아간다면, 더 나은 현실을 만들어 내는데 일조할 수 있을 것이다.

통렌을 실제로 수행하려면 어떻게 해야 할까? 우선 우리는 부모님이나 친구, 또는 우리를 위해 자신의 삶을 희생한 사람들에 대해 생각한다.

대부분의 경우 우리는 그들에게 감사하다는 말조차 하지 않는다. 이 점에 대해 생각해 보는 것은 아주 중요한데, 죄책감을 느끼기 위해서가 아니라 그저 우리가 얼마나 감사에 인색했는지 깨닫기 위해 그러는 것이다. 우리는 항상 "나는 원해"라고 말해왔고 그들은 아무 불평 없이 우리의 요구를 들어주었다.

당신은 분명 부모님과 친구들을 무수히 박대해왔을 것이다. 그들로부터 그토록 많은 도움을 받았음에도. 그들은 당신을 위해 자신의 전 존재를 헌신했지만, 당신은 고맙다는 말을 하거나 편지 한 통 써 보내는 수고조차 게을리 했다. 당신은 대가를 염두에 두지 말고 당신을 헌신적으로 돌봐준 그 사람들을 기억해야 한다. 세상에는 그런 사람들이 아주 많다. 가끔은 난데없이 나타나 당신을 도와주려 하는 누군가를 만나게 될 수도 있다. 그들은 당신을 위해 무슨 일이든 한다. 당신을 위해 봉사하고 자기 자신을 희생시키기까지 하면서도 떠날 때는 주소나 전화번호 한 장 남겨놓지 않는다. 이렇게 당신을 도와주고 배려해준 사람들은 항상 있어 왔다. 당신은 그런 경험들을 기억해내서 통렌 수행의 재료로 활용해야 한다. 당신은 숨을 내쉬면서 가장 소중하게 생각하는 것을 그들에게 보냄으로써 친절에 보답한다. 그리고 세상에 있는 선을 촉진시키기 위해 좋게 생각하는 모든 것, 당신이 지닌 최상의 것을 내어주고, 대신 다른 사람들의 문제와 고통, 고뇌를 들이마신다. 다른 사람을 대신해서 그들의 고통을 떠맡는 것이다.

이것이 상대적 보리심 수행의 기본이다. 그것은 매우 실천 지향적인 수행이다. 우리는 될 수 있는 대로 많이 내어주면서 될 수 있는 대로 많이 우리자신을 확장시켜 나아간다. 우리 모두는 근본적 선이라는 고갈되지 않는 보고를 지니고 있으므로 자기 자신을 엄청나게 확장시킬 수 있다. 따라서 잃을 것은 아무 것도 없고, 받아들일 것은 많다. 우리는 다른 사람들의 고통을 끊임없이 빨아들이는 충격 흡수제가 될 수 있다. 그것은 매우 가슴 뭉클한 수행이다.(그렇다고 우리가 한 배를 타고 있다는 식으로 말하려는 것은 아니다.) 우리가 가진 최상의 것을 더 많이 내어줄수록, 다른 사람이 가진 최악의 것을 더 많이 받아들일 수 있다. 훌륭하지 않은가?

통렌은 생태와 환경 문제를 해결할 수 있는 최고의 조처 가운데 하나일 것이다. 통렌은 좋은 것과 나쁜 것 모두를 포괄하기 때문에 오염 문제에 대처하는 근본적 해결책이 될 수 있다. 아니, 사실 그것만이 유일한 해결책이다. 그것은 대도시의 오염을 해소하고, 아마도 세상 전체의 오염마저 제거하는 물리적 효과를 일으킬 수 있을 것이다. 이것은 엄청난 가능성이다.

보내기와 받아들이기는 자신의 대담성을 과시하는 수단이 아니다. 통렌을 수행하기 때문에 자신이 가장 훌륭한 인간이라는 식으로 생각해서는 안 된다. 보내기와 받아들이기는 그저 자연스럽게 일어나는 교환 과정일 뿐이다. 그것은 그냥 일어난다. 오염을 들이키고 나쁜 것을 들이키는 일이 힘들더라도, 우리는 온 마음을 다해 완벽히 그것을 받아들여야 한다. 우리는 자신의 폐가 나쁜 공기로 가득 찼다고 느껴야 하고, 이렇게 오염을 떠맡음으로써 바깥세상을 실제로 정화시켰다고 느끼기 시작해야 한다. 그러고 나면 어떤 변화가 일어난다. 즉 우리는 숨을 내쉬는 동안 엄청나게 좋은 공기의 보고가 여전히 자기 안에 있다는 사실, 그리고 그것이 끊임없이 신선한 공기를 내뿜고 있다는 사실을 깨닫게 된다.

우리는 자신의 어머니나 부모님, 또는 우리가 어머니처럼 사랑하고 엄청나게 좋아하는 누군가를 기억하는 것으로 수행을 시작한다. 그들은 우리를 돌봐 주었고, 보살펴 주었고, 관심을 가져 주었고, 이만큼 성장하도록 길러주었다. 그와 같은 애정과 친절을 우리에게 듬뿍 베풀어 주었기에 그들을 우선적으로 생각하는 것이다. 여기서 반드시 어머니를 대상으로 삼을 필요는 없지만, 가르침의 요지는 우리에게 친절하고 부드럽게 대하면서 인내심을 가져준 어머니 같은 인물을 택하라는 것이다. 우리는 우리에게 온정과 친절을 베풀어 주고, 자신이 지닌 좋은 것을 우리에게 나눠준 누군가를 마땅히 기억해내야 한다. 만일 그런 기억이 없다면, 그건 좀 문제가 된다. 당신은 세상을 미워하기 시작할 것이다. 하지만 그런 경우에도 대안은 있다. 그건 우리의 미움과 세상의 분노를 들이쉬는 것이다. 좋은 부모, 좋은 어머니, 또는 자애를 베풀어 주는 좋은 사람과 만나지 못했더라도 최소한 우리 자신의 선의를 기억할 수는 있을 것이다.

통렌을 수행하기 시작하면, 당신은 자신이 내어줄 수 있는 선한 것, 다른 사람들에게 베풀 수 있는 좋은 것들에 대해 생각하기 시작하게 된다. 당신은 타인에게 베풀고 내쉬어줄 좋은 것들을 무수히 지니고 있다. 당신은 크나큰 선과 크나큰 온전성과 크나큰 건강을 누리고 있다. 이 모두는 기본적인 자각과 깨어있는 태도로부터 직접 주어지는 것이다. 이런 태도는 생생하고, 힘차고, 강력한 특성을 지닌다. 따라서 당신이 내어주는 것은 더 이상 단순한 상상이 아니고, 과장의 산물도 아니다. 당신은 누군가에게 나눠줄 좋은 것들을 실제로 지니고 있다. 결국 당신은 고통스럽고 부정적인 무언가를 들이쉴 수도 있게 된다. 다른 사람들이 경험하는 고통을 받아들일 수 있는 이유는 당신이 그들과는 달리 근본적으로 건강한데다 강한 주의력도 지니고 있어 무엇이 들어오든 확실히 흡수해낼 수 있기 때문이다. 즉 당신에게는 줄 것이 더 많기 때문에 더 많은 고통을 흡수할 수 있는 것이다.

따뜻함은 통렌 수행의 근본 원리이다. 우리가 다루는 이 수행은 마이트리 수행, 또는 산스크리트어로 마이트리 바와나(maitri bhavana)라고 불리기도 한다. 마이트리(maitri)는 '친근함', '따뜻함', '공감' 등을 뜻하고, 바와나(bhavana)는 '명상', 또는 '수행'이란 의미를 지닌다. 통렌, 또는 마이트리 바와나를 수행하면서 우리는 온화하고 친절한 특성을 지닌 모든 것들과 온갖 사물에서 느끼는 좋은 느낌 전부를 내쉰다. 심지어는 초콜릿 케이크를 먹거나, 시원한 음료를 마시거나, 따뜻한 불에 몸을 녹이는데서 오는 좋은 기분마저도 내쉬어야 한다. 우리 내면에 존재하는 좋은 것이 무엇이든, 우리가 기분 좋게 느끼는 대상이 무엇이든, 우리는 그것을 다른 사람들에게 내쉬어준다. 그것이 일분, 또는 일초밖에 지속되지 않는다 하더라도 좋은 기분은 가끔씩 느끼기 마련이다. 그런 다음 우리는 이와 정반대되는 상황들, 그러니까 나쁘고, 끔찍하고, 역겹고, 불쾌한 모든 것들을 들이쉰다. 우리는 그것들을 우리 자신을 향해 들이쉬려고 노력한다.

나는 통렌 수행을 진지하게 받아들이는 것이 아주 중요하다고 대놓고 말하고 싶다. 아마 당신은 기겁을 할 것이다. 하지만 이 주제의 요지는 그 수행을 적절히, 철저하게 실천하라는 것이다. 나아가 당신은 다른 사람들이 결코 행하지 않는 무언가를 수행하는 위치에 있다는 사실에 기뻐할 줄도 알아야한다. 대부분의 사람들이 지닌 문제는 항상 나쁜 것을 내어주고 좋은 것을 받아들이려 한다는 점이다. 이런 태도는 사회 전반과 전 세계에 문제를 일으켜왔다. 하지만 이제 우리는 대승의 길에 들어섰고, 논리는 역전되었다. 이것은 환상적이고 엄청난 사건이다! 우리는 불성과 관련된 최고의 이해를 내면으로부터 직접 퍼 올리기 시작했다. 부디 이 점에 대해 숙고해보기 바란다. 이 수행은 당신에게 큰 도움을 줄 것이다. 그러므로 그것을 진지하게 받아들이기 바란다.

통렌 수행은 단순히 정신 훈련으로 그치는 것이 아니다. 당신이 행하는 것은 현실성을 띨 수 있다! 그러므로 수행을 할 때 당신은 매우 노골적이어야 한다. 즉 숨을 내쉴 때는 좋은 것을 정말로 내쉬고, 숨을 들이쉴 때는 나쁜 것을 정말로 들이쉬어야 한다. 그저 하는 척만 해서는 안 된다.

직접적으로 주어진 것부터 시작해야 한다. 당신은 우선 '이것'(자기 자신을 뜻함-옮긴이)부터 시작하여 모든 사물을 헐렁한 것으로 느껴야 한다. 실제로 당신에게 붙어있거나 고정되어있는 것은 아무것도 없다. 당신은 모든 것을 떼어낼 수 있다. 당신이 무언가를 내보낼 때, 그것은 완전히 사라진다. 그리고 그것이 당신에게 되돌아올 때에는, 외부인의 관점에서 보면, 당신 역시 고정되어 있지 않다. 그것이 당신에게로 오고 당신도 그것을 향해 가는 것이다. 이건 사실 아주 흥미로운 경험이다. 당신은 엄청난 공간감을 느낄 수 있다.

무언가를 내보내는 행위는 끈을 잘라 연을 날려 보내는 것과도 같다. 하지만 끈이 없어도 그 연은 당신에게 되돌아온다. 마치 당신 위로 내려앉는 낙하산처럼. 그러면 당신은 어떠한 유동성의 느낌을 갖게 되고 사물들은 아주 우아하게 순환하기 시작한다. 그 어떤 대상도 은밀히 다뤄지지 않는다. 누군가 배후에서 조종하고 있다는 느낌도 사라진다. 모든 것이 막힘없이 흐를 뿐이다. 이건 아주 멋진 경험이다. 그리고 당신도 거기 참여할 수 있다. 이 경험은 우리가 꾸밈없다고 말하는 바로 그 상태이다. 당신은 거침없이 베풀 수 있고, 받아들이기도 아주 잘한다. 이건 흥미로운 현상이다.

통렌 수행을 하면서 우리는 호흡을 대상으로 아무 내용 없이 행해지던 알아차림을 내용이 포함된 알아차림으로 대체시킨다. 여기서 내용이란 타인의 고통이나 기쁨과 관련된 정서적, 추론적 사고를 의미한다. 따라서 당신은 결국 다른 사람들을 위해 실제로 헌신하는 사람이 된다. 당신은 도움을 주는 사람이 된다. 누군가가 당신 앞에서 피를 흘리고 있는데 반창고를 들고 가만히 서있을 수만은 없다. 당신은 달려들어 그 사람에게 반창고를 붙여주어야 한다. 그것이 좋기 때문에 그냥 하는 것뿐이다. 그런 뒤에는 다시 되돌아와 앉아서 반창고를 필요로 하는 사람이 또 누가 있는지 바라본다. 그것은 이처럼 단순하다. 일종의 응급처치식 접근법이라 할 만하다.

사람들은 도움을 필요로 한다. 따라서 우리는 조금 더 깨어나야 한다. 우리는 이 수행을 또 다른 형태의 백일몽으로 간주하거나 개념적인 것으로 받아들이지 않도록 주의해야 한다. 우리는 그것을 아주 현실적이고 아주 일상적인 것으로 만들어야 한다. 그저 숨을 내쉬고 들이쉬는 것이다. 그것은 아주 단순하고 직접적이다. 악마나 줄리어스 시저의 유령 따위에 사로잡히지 않은 이상 사변이 끼어들어서는 안 된다. 매우 직접적이고 노골적이며, 엄격하게 수행을 해야 한다. 당신의 호흡은 '저것'을 향해 나아가고 '이것'을 향해 들어온다. 저것, 이것. 그저 좋은 것을 내쉬고 나쁜 것을 들이쉬면 된다. 그것은 아주 간단하고 꾸밈없다.

당신은 통렌을 수행한 뒤 효과를 기다리지 않는다. 그냥하고 떨쳐버린다. 결과는 관심사가 아니다. 효과가 있든 없든, 그냥 하고 떨쳐내고, 하고 떨쳐낸다. 만일 효과가 없다면 그것을 들이쉬고, 효과가 있다면 그것을 내쉰다. 그러면 당신은 아무것도 소유하지 않게 된다. 이것이 핵심이다. 일이 잘 풀리면 그것을 밖으로 내어주고, 잘 안 풀리면 그것을 안으로 받아들인다.

통렌은 미묘한 수행이 아니다. 그것은 철학적이지도 심리학적이지도 않다. 그것은 아주 소박한 접근법이다. 이 수행은 매우 원시적이고, 사실 모든 불교 수행 중 가장 원시적이다. 불교의 정교한 지혜와 세련된 사상, 그리고 지금까지 발전해온 온갖 방편들을 고려해보면, 그들이 이처럼 단순하고 원시적인 수행체계를 개발해 냈다는 사실이 놀랍게 느껴진다. 하지만 그럼에도 불구하고 우리는 그 수행을 실천해왔고, 그것은 효과가 있다. 그것은 수세기에 걸쳐 훌륭한 효과를 발휘해온 듯하다. 수세기 동안 붓다 자신을 포함한 무수한 보티사트바들이 양성되어왔기 때문이다.

방편 자체에 전념하라는 것이다. 그와 연관된 사변은 별로 중요치 않다. 당신이 나갈 때 당신은 나감이고, 당신이 들어올 때 당신은 들어옴이다. 당신이 더울 때 당신은 더움이고, 당신이 추울 때 당신은 추움이다. 그 상황 자체를 향해 침투해 들어가 온 몸으로 접촉하라. 상황을 아주 노골적이고 단순하게 만들어라. 우리는 지금 이 수행을 내적 변화에 중점을 둔 사회 혁신 사업 따위로 만들려는 것이 아니다. 올바른 마음가짐으로 수행하도록 하자.

무엇보다도 먼저 우리는 정직해져야 한다. 이것은 아주 중요하다. 그리고 우리는 방편을 날것 그대로 받아들여야 한다. 이 방편은 과거 수세대에 걸쳐 검증받으며 이미 진실임이 입증된 수행법이다. 따라서 우리는 그것을 그대로 받아들여도 된다. 더 이상 조사해볼 필요가 없다. 대신 우리는 수행을 있는 그대로 신뢰하면서 일정 기간 동안 직접 실천해 볼 수 있다. 그런 뒤 그 효력을 느끼게 되면 거기서부터 계속 나아갈 수 있다. 그러다보면 갑자기 자신이 깨달음을 얻을 수도 있다는 사실을 발견하게 될지도 모른다.

보내기와 받아들이기는 사실 야전 훈련과 매우 유사하다. 수행자는 모래주머니를 적으로 간주하며 공격법을 배우는 군인이라 할 수 있다. 그들은 총검으로 모래주머니를 찌르며 외친다. "후우!"[트룽파가 부채로 찌르는 동작을 취한다.] 사실 군인들 중에는 자연에 적응하는데 어려움을 겪는 이들이 많다. 도시 출신이라 눈이나 여름의 열기에 대처하는 법을 모르는 것이다. 그들은 강을 건너는 법도 모르고 옷을 말리는 법도 모르며, 청결을 유지하는 법도 모른다. 따라서 그들은 야외에서 훈련을 받아야 한다. 이와 마찬가지로, 보티사트바의 길을 따르는 전사들도 이 같은 야전 훈련 과정을 거쳐야 한다.

만일 우리가 진실 되게 행동한 결과로 상처를 입는다면, 그것은 좋은 일이다. 그 정도 수준에 있어야 우리 자신을 타인과 바꿔줄 수 있다. 우리는 자신이 하는 진실 되고 정직한 일에 다른 사람들도 초대하고 싶다는 느낌을 받기 시작한다. 단지 우리의 기쁨을 타인에게 내주고, 그들의 고통을 받아들이기만 하는 것이 아니다. 여기에는 그 이상의 무언가가 있다. 우리는 우리의 진실성을 다른 사람들에게 내주고 그들의 위선을 초대하고자 한다. 이것은 고통과 기쁨을 교환하는 것보다 훨씬 고차원적인 것이다. 그것은 우리 자신과 타인을 교환하는 최상의 방법이고, 지금 세상은 그것을 아주 절실히 필요로 하고 있다. 고통과 기쁨을 교환하는 것은 아주 간단하고 실천하기도 쉽다. 예를 들어 길 건너편에 있는 누군가가 뜨거운 물에 목욕을 하고자 했지만, 물에 뛰어들었더니 차가웠다고 해보자. 그러면 당신은 "이리로 건너와서 제 뜨거운 목욕물에 뛰어드세요. 제가 대신 당신의 차가운 목욕물에 뛰어들게요."라고 말할 수 있다. 물론 그렇게 해도 좋다. 여기에는 아무 문제도 없다. 하지만 서로의 위선 속으로 뛰어드는 것은 좀 더 재미있다. 그것이 우리가 시도하고자 하는 태도다.

우리는 진실성을 다른 누군가와 함께 나눠야 한다. 그것에 집착해선 안 된다. 진실성을 우리만의 것으로 여겨 가보라도 되는 양 모셔 놓아서는 안 된다. 우리는 누군가에게 우리의 진실성을 내어줄 수 있어야 한다. 그렇다고 그것을 잃어버리는 것은 아니다. 대신 우리는 다른 사람들의 기만성을 받아들여 자신의 진실성으로 그것을 변화시킨다. 이처럼 우리 자신을 타인과 교환하는 것은 보기만큼 쉬운 일이 아니다. 그것은 뜨거운 물에서 차가운 물로 뛰어드는 것보다 더 고차원적이다.

여기서 더 나아가 우리는 즐거운 기분을 계발하기 시작한다. 당신은 매우 유용하고, 효과적이고, 근본적으로 훌륭한 무언가를 실제로 실천하는 중이다. 당신은 자신에게 비이기적으로 되는 법을 가르치고 있지만, 동시에 세상에게 위선을 극복하는 법을 가르치고 있기도 하다. 이 위선과 가식의 껍질은 세상이 점점 더 복잡해지거나, 점점 더 암흑기로 접어듦에 따라 계속해서 두꺼워지고 있다.

보내기와 받아들이기는 사마타 수행의 연장이다. 사마타 수행에서는 고정된 그 어떤 대상에도 머물지 않지만, 움직임 자체에 집중하는 과정을 통해 우리의 마음이 가공 처리된다. 우리는 마음을 완전히 정지된 상태, 완전히 고정된 상태로 유지하려고 노력하지 않고, 대신 호흡을 따라가며 우리의 잠재의식적 사고를 바라봄으로써 정신 과정의 변덕스런 변화를 활용하려고 노력한다. 보리심을 계발하는 방식도 사마타 수행을 익히는 방식과 근본적으로 같다. 다만 이 경우에는 수행이 훨씬 더 인상적으로 되는데, 그 이유는 우리가 잠재의식적 마음이나 산만한 생각들만 다루는 것이 아니라 한층 더 깊이 바라보면서 화와 탐욕과 어리석음 같은 사고의 '내용'들까지 같이 다루기 때문이다. 이처럼 우리는 사마타라는 방편을 조금 넘어서 생각의 내용들까지 수행 대상에 포함시키게 된다.

오랜 세월 동안 우리는 다른 사람들에게 고통을 가하면서 우리 자신의 쾌락을 증대시키기 위해 노력해왔다. 그리고 이런 태도는 끊임없는 문제를 일으켜왔다. 우리가 여기서 하고자 하는 일은 이 논리를 완전히 뒤바꾸면 무슨 일이 벌어지는지를 보려는 것이다. 즉 우리가 다른 사람들에게 고통을 가하는 대신 스스로 그 고통을 떠맡고, 다른 사람들의 기쁨을 빨아먹는 대신 우리의 기쁨을 그들에게 내어준다. 삼사라식 태도는 지금까지 질리도록 취해봤으니, 이제 그런 논리를 뒤바꾸면 어떻게 될지 그냥 한번 시험해 보자는 것이다. 그리고 실제 그렇게 해보면 대개는 사람이 온화하게 변화된다. 당신은 악마적으로 되는 것이 아니라 부드러워진다는 것이다. 당신은 지금까지 너무나도 비합리적으로 행동해왔기 때문에 자기 자신을 합리적인 사람으로 만들기 위해서는 그 합리적인 태도를 조금 과장되게 취해야 하는 것이다. 그리고 그렇게 하다보면 당신은 품위 있는 사람이 되는 법을 깨닫기 시작하게 된다. 이것을 우리는 상대적 보리심이라 부른다. 이 시점에서는 그런 종류의 체험을 직접 해보고 당신의 비합리성을 이해하는 것이 아주 중요하다.

통렌은 금강승(vajrayana)의 관점에서도 매우 중요한 수행이다. 그러므로 금강승 수행자들 역시 이 수행에 관심을 기울여야 한다. 그들은 이 수행을 아주 주의 깊게 실천할 필요가 있다. 통렌 수행을 하지 않고서는 웃파티크라마(utpattikrama, 발전 단계)와 삼판나크라마(sampannakrama, 완성 단계)에 해당하는 금강승 수행을 절대 할 수 없기 때문이다. 그러면 당신은 가슴 없는 반신(deity), 즉 모조품에 불과한 신이 되고 만다.[2]

---

2   금강승 수행을 하는 학생들은 자기 자신을 신격으로 시각화함으로써 여러 유형의 일깨워진 에너지에 자신을 동일시한다. 이런 시각화는 공으로부터 일어나 다시 공으로 녹아든다.

제자들에 대한 의견을 주고받던 두 명의 금강승 스승의 이야기가 있다. 그 중 한 스승이 이렇게 말했다. "내 제자들은 기적을 행하지만, 그러고 난 뒤에는 어쩐지 가슴이 차가워지는 것 같습니다." 그러자 다른 스승이 답했다. "이상하게도 제 금강승 제자들은 항상 건강한 모습이지만 기적은 행하지 못합니다." 두 스승은 이 문제에 대해 계속해서 토론을 벌였다. 그러자 누군가가 와서는 이렇게 말했다. "그러면 제자들 모두에게 통렌을 훈련시키는 게 어떨까요?" 이 말에 두 스승은 웃으면서 답했다. "하! 그거 좋겠군요." 이 같은 관점에서 봤을 때 실재가 일어나는 중심핵을 마련하는 일은 아주 중요하다. 그래야 금강승 수행을 할 때 가면과 의상으로 외관만 신처럼 꾸미는 실수를 범하지 않을 수 있기 때문이다.

소승불교의 수행을 할 때조차 우리는 승복을 입고 머리를 깎고 하는 식으로 외관만 그럴듯하게 치장할 수 있다. 통렌을 수행하지 않는다면 소승불교와 금강승불교 모두 사자의 시체처럼 되어버린다.[사자는 동물의 왕이므로 죽었을 때조차 다른 동물들이 시체를 공격하지 못하고, 따라서 안으로부터 미생물이 파먹을 때까지 방치된다.] 붓다가 말했듯이, 그의 가르침은 외부인에 의해 파괴되지 않을 것이고, 대신 진정한 법을 수행하지 않는 내부인에 의해 파괴될 것이다. 이 말을 할 때 붓다는 분명 보티사트바의 길을 염두에 두고 있었다. 소승과 금강승을 한데 묶어주는 것은 바로 대승의 전통과 수행법이다.

8. 세 가지 대상, 세 가지 독, 세 가지 덕의 씨앗 찾기

이 주제는 주요 수행 뒤에 이어지는 명상 후의 경험 상황과 연관된 것이다. 통렌이라는 주요 수행을 하면서 열망, 공격성, 무지와 관계하는 과정은 매우 강렬하지만, 명상 후 수행에서는 그 강도가 다소 약화된다.

여기서 세 가지 대상이란 친구와 적과 중립적 타인을 의미하고, 세 가지 독이란 열망과 공격성과 무지, 또는 현혹을 뜻한다. 그리고 세 가지 덕의 씨앗이란 열망의 부재와 공격성의 부재, 그리고 무지의 부재 상태를 지칭한다.

이 주제의 수행은 다른 사람들의 열망, 공격성, 현혹을 스스로 떠맡음으로써 그들을 해방시켜주고, 정화시켜주는 식으로 이루어진다. 여기서 열망은 끌어들이거나 소유하고자 하는 욕구이고, 공격성은 거부하거나 비난하거나 쫓아버리고자 하는 욕구이다. 그리고 무지, 또는 무관심은 반응도 하지 않고 흥미도 없는 상태로서, 일종의 반지혜(anti-prajna)에너지라고 할 수 있다. 우리는 적들의 공격성과 친구들의 열망과 중립적 타인들의 무관심을 스스로 떠맡는다.

우리의 적들에 대해 생각하다 보면 공격성이 자극된다. 그들이 우리에게 불러일으킨 공격성이 어떤 것이든 간에 우리는 그 공격성이 우리 것이 되게 하고, 그로 인해 우리의 적들이 모든 종류의 공격성으로부터 해방되도록 해준다. 우리의 친구들로 인해 일어난 열망이 어떤 것이든 간에 우리는 그 신경증을 우리 자신에게로 받아들이고, 그로 인해 우리의 친구들이 열망으로부터 해방되도록 해준다. 그리고 중립적이거나 관계없는 사람들과 무지하고, 현혹되어 있고, 부주의한 사람들의 무관심이 어떤 것이든 간에 우리는 그 신경증을 우리 자신에게로 끌어들이고, 그로 인해 그 사람들이 무지로부터 해방되도록 해준다.

일상을 영위하는 가운데 이 세 가지 독 중 어느 하나라도 발생하면 당신은 항상 보내기와 받아들이기 수행을 해야 한다. 당신은 자신의 열망과 공격성과 현혹을 그저 바라보기만 하면서 그들을 문제로 여기지도 않고 기대를 품지도 말아야 한다. 만약 공격성을 품은 상태에 있다면 당신은 "이 공격성이 작업의 기반이 되기를. 내가 이 공격성을 스스로에게 붙들어두는 법을 배우고, 그로 인해 지각 있는 모든 존재들이 공격성으로부터의 자유를 얻기를."이라고 말한다. 또는 이렇게 말할 수도 있다. "이 열망이 내 것이 되기를. 그것에 집착함으로써 내게 속하게 된 것이니, 다른 사람들은 그런 열망으로부터 자유로워지기를." 무관심에 대해서도 같은 방식으로 말할 수 있다.

이런 태도를 취하는 이유는 당신이 세 가지 독을 자신의 것으로 붙들어두기 시작할 때, 당신이 그들을 완전히 전적으로 소유할 때, 그리고 당신이 그들에 대한 책임을 온전히 떠맡을 때, 모든 논리가 역전된다는 흥미로운 사실을 발견하게 되기 때문이다. 즉 공격성의 대상이 없는 상황에서는 혼자 힘만으로 자신의 공격성을 유지시킬 수 없고, 열망의 대상이 없는 상황에서는 자기 자신에게 그 열망을 붙들어 둘 수 없으며, 마찬가지로 대상 없는 무지에는 집착할 수도 없는 것이다.

독을 붙들어 둠으로써 당신은 그 독의 대상이나 목적을 내려놓게 된다. 보통 당신은 세 가지 독을 대상과 함께 지닌다. 예를 들어, 공격성의 대상이 있을 때 당신은 그것을 향해 화를 느낀다, 그렇지 않은가? 하지만 만일 그 화가 무언가를 '향해' 방향 지어져 있지 않다면 그 공격성의 대상은 무너져 내리게 된다. 그런데 당신은 화의 대상을 지닐 수 없다. 왜냐하면 그 화는 그 대상이 아니라 당신에게 속해 있기 때문이다. 당신은 그 대상이 당신의 화를 자극하지 않도록 자비를 비춰 주었다. 그렇다면 당신은 무엇 때문에 화가 나 있는 것인가? 당신은 자신이 화를 낼 대상도 없이 그저 공중에 매달려 있다는 사실을 발견할 것이다. 이처럼 당신은 당신 자신과 관계하기 보다는 다른 사람들과 관계함으로써 세 가지 독의 뿌리를 잘라낼 수 있다. 이것은 흥미로운 역설이다.

9. 기억하며 행동하기

명상 후 수행과 연관된 이 주제는 아주 중요하면서도 흥미롭다. 우리는 수행의 전 과정에 걸쳐 이 지침을 끊임없이 활용해 왔다. 특히 수행을 위해 따로 마련된 장소에서는 우리 자신에게 가르침을 다시 환기시킬 수 있도록 벽마다 주제들을 붙여 놓는다. 이 방편의 핵심 의도는 처음 와 닿은 이해를 다시 붙잡도록 하는 것이다. 하지만 이것은 그다지 소박한 접근법이 아니다. 최초의 이해를 다시 일으키려면 그 이해를 지시해주는 단어들이 있어야 한다는 생각이 바탕에 깔려 있기 때문이다.

한 가지 예를 들자면, 당신은 자신의 이기적 성향을 감지하거나 '나'라는 감각을 느낄 때마다 다음 두 가지 경구를 기억해 내야 한다.

① 내게 모든 악을, 다른 사람에게 내 모든 덕을.

② 이익과 승리는 다른 사람에게, 손실과 패배는 나 자신에게.[3]

이 경구를 소리 내어 말할 필요는 없다. 그것은 하나의 사고 과정이다. 즉 구역질을 느낄 때마다 그것을 자신의 것으로 만들고, 아름다운 느낌이나 고양된 기분을 느낄 때마다 그것을 다른 사람들에게 내주면 된다. 이처럼 여기에는 흑백 대비가 존재한다. 검은색과 흰색, 혐오와 유쾌함, 꺼림칙함과 사랑스러움처럼 이와 같은 교환은 아주 단순하게 일어난다. '나'가 있을 때 당신은 그것을 받아들이고 '있음'이 있을 때 당신은 그것을 내어준다. 이건 아주 커다란 과업이기 때문에 엄청난 노력을 필요로 한다. 대승을 대승[큰 수레]이라 부르는 이유도 그것이 이처럼 엄청난 과업을 수행하기 때문이다. 당신이 드넓은 고속도로에서 운전 중이라면 곯아떨어지는 것은 불가능하다. 엄청난 주의력이 요구되기 때문이다! 그런 긴장감을 가지고 수행하면서 잘못된 길로 빠질 수는 없다. 이러한 긴장감은 지금까지 있어왔던 것 중 가장 탁월한 종류의 긴장감이다.

---

3 다음은 이 경구들에 대한 완역이다.
① 그들의 악행이 내 안에서 숙성하기를, 나의 모든 덕행이 빠짐없이 그들 안에서 숙성하기를.
② 나는 내 모든 이익과 승리를 지각 있는 존재들과 존경스런 분들께 바치고, 모든 손실과 패배를 떠맡으려 한다.

10. 보내고 받아들이는 과정은 자기 자신

우리는 이 가르침을 종종 '처음 떠올린 생각이 가장 좋은 생각'이란 말로 표현한다. 보통 우리는 '이것(자기 자신을 의미함-옮긴이)' '저것'이나 그 밖의 다른 것들 보다 먼저 일어난다고 느낀다. 그러므로 어떤 경험을 하게 되든 간에 당신이 취해야 할 첫 번째 태도는 그 경험의 고통스런 측면을 자발적으로 떠맡는 것이다. 그런 뒤 당신은 남아있는 나머지 것들, 기분 좋게 느껴지는 모든 것들을 내어주어야 한다. 여기서 기분 좋다는 것은 엄청나게 좋은 느낌만 의미하는 것이 아니다. 고통 이외의 모든 느낌을 내어주라는 말이다. 그러면 당신은 스스로를 기쁘게 하거나 자신을 잘 대접하거나 하는 것에 조금도 집착하지 않게 된다.

이 주제는 열망을 포기하는 것과 연관되어 있다. 자기 자신을 기쁘게 만들라고 요구하는 장본인이 바로 열망이기 때문이다. 그러므로 이 주제는 규율 바라밀과도 아주 생생하고 긴밀한 연관 관계를 지닌다. 지금 마조히즘, 다시 말해 자기 자신을 해치거나 파괴하는 것에 대해 말하고 있는 것이 아니다. 그저 원하거나 원치 않는 태도와 연관된 모든 것이 움켜쥐며 내어주지 않으려는 욕구와 밀접한 관련성을 맺고 있다는 사실을 깨달으라는 것뿐이다. 그러므로 이런 상황에서 당신이 취해야할 올바른 접근법은 자신의 영역을 완전히 열어 젖히고 모든 것을 놓아 보내는 것이다. 만일 당신이 당신 거실에서 합숙하고 싶어 하는 히피 백여 명과 마주친다면 그렇게 하도록 내버려두라는 것이다. 하지만 그런 뒤에는 그 히피 놈들도 당신과 함께 수행을 해야 한다.

이 수행은 사실 아주 기분 좋은 의미를 내포하고 있다. 인간이란 존재가 그처럼 탁월한 교환 행위를 할 수 있고, 그 불쾌한 상황을 자신의 세계 속으로 초대하려 하다니 정말 대단하다. 인간이 자기 사생활의 가장 은밀한 구석마저 내어놓고, 이를 통해 온갖 것들에 대한 집착을 완벽히 떨쳐내려 하다니 정말 대단하다. 그건 매우 대범한 행위다. 그것이야말로 보티사트바 세계, 전사의 세계라고 분명히 말할 수 있다.

세 번째 지혜

열악한 환경을
깨달음의 길로 변형시키기

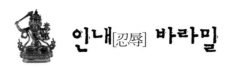

인내[忍辱] 바라밀

지금까지 우리는 절대적 보리심과 상대적 보리심 수행에 대해 살펴보았고, 명상 후의 경험을 수행과 연관시켜 다루는 법에 대해서도 공부해 보았다. 이제부터 다루게 되는 세 번째 부류의 주제들은 그 모든 수행들을 지속적으로 실천하는 법과 관련되어 있다. 티베트에서는 이 부류의 주제들을 람크예르(lamkhyer)라 부르는데, 여기서 람(lam)은 '길'을 의미하고, 크예르(khyer)는 '지니고 다니기'란 뜻을 지닌다. 즉 무슨 일이 벌어지든 그 일을 당신 여정의 한 부분으로 만들어야 한다는 의미이다.

이 부류의 주제들은 인내 바라밀과 연관되어 있다. 인내의 정의는 참고 견뎌내는 것이다. 하지만 인내는 때를 기다리거나 속도를 늦춘다는 뜻이 아니다. 무슨 일이 벌어지든 당신은 그것에 단순 반응하지는 않는다. 공격성은 인내를 발휘하는데 장애가 된다. 조급성은 당신이 지나치게 민감해져서 주변 환경을 감당하지 못할 때 일어나는 것이다. 이런 상황에서 당신은 아주 과민하고 불안정해진다. 따라서 인내 바라밀은 종종 갑옷에 비유된다. 위엄을 지닌 채 견뎌내며 세상의 공격성에 쉽게 동요되지 않는 것, 그것이 바로 인내다.

11. 모든 악을 깨달음의 길로 변형시키기

모든 경험을 길로 삼는다는 사고방식은 이 부분의 중심이 되는 다음 주제에 잘 드러나 있다.

> 세상이 악으로 가득 차 있다면
> 그 모든 역경을 깨달음의 길로 변형시킨다.

이 말은 당신의 일상에 어떤 일 — 환경 문제, 정치 문제, 심리 문제 등 — 이 벌어지든 그것을 주의력의 한 부분으로 변형시켜야 한다는 뜻이다. 그와 같은 주의력은 보리심에 대한 기본적 이해를 지닌 상태에서 사마타, 위빠사나 수행을 한 결과로 주어지는 것이다.

결국 당신은 환경을 비난하지도, 세상의 정치 상황을 비판하지도 않게 된다. 어떤 사람들은 주변 환경에 자극을 받아 시를 쓰기도 하고 사회적 대의를 위해 자신의 삶을 희생하기도 한다. 우리는 베트남 전쟁이 무수한 시인과 철학자들을 양산했다고 말하기도 하지만 그들의 노력은 대승의 길과는 무관하다. 그들은 악으로 가득 찬 세상에 대항하여 순전히 기계적으로 반응한 것뿐이다. 그들은 역경을 깨달음의 길로 변형시키지 못했을 뿐만 아니라 심지어 악을 작품의 소재로 활용하기도 하였다. 베트남 전쟁이 일어나지 않았다면 그런 시인과 철학자들도 훨씬 적게 생겨났을 것이다. 이 주제는 세상이 악으로 가득 차 있다면, 또는 세상이 악으로 차 있지 않더라도 일어나는 모든 역경을 깨달음과 깨어남의 길로 변형시키라고 한다. 그와 같은 이해는 앉아서하는 수행과 포괄적인 자각으로부터 일어나는 것이다.

사실 이 주제에는 관대함을 훈련하는 법과 관련된 모든 내용이 담겨 있다. 일상생활에서 우리가 직·간접적으로 경험하는 환경은 우호적이라고 만은 할 수 없다. 언제 어디에서나 그와 같은 문제나 어려움은 있기 마련이다. 자기 인생이 매우 성공적이라고 주장하는 사람이나 한 국가의 대통령이 된 사람에게도 문제는 있고, 백만장자와 인기 절정의 시인, 영화배우, 운동선수, 투우사 같은 사람들에게도 문제는 있을 수밖에 없다. 비록 우리 삶이 기대했던 대로 진행된다 해도 어려움이 완전히 사라지는 것은 아니다. 장애물은 항상 있다. 이것은 모든 사람들이 경험하는 현실이다. 따라서 이처럼 장애물이 가로막으면 당신은 그 장애물과 연관된 모든 역경(빈곤한 정신 상태, 손익에 대한 집착, 모든 종류의 경쟁심 등)을 깨달음의 길로 변형시켜야 한다.

이것은 아주 강력하고 직접적인 메시지이다. 그것은 빈곤에 시달린다는 느낌을 갖지 않는 것과 연관되어 있다. 당신은 병에 걸린 아버지와 정신 나간 어머니를 두고 있고 그들을 돌봐야 한다는 이유로 스스로에게 열등감을 느낄 수 있다. 또는 삶이 일그러져 있고 경제 문제에 시달리고 있다는 이유로 그와 같은 감정을 느낄 수도 있다. 아니면 비록 인생에서 성공했고 모든 일이 잘 풀리고 있긴 하나 사업을 유지하기 위해 끊임없이 일해야 한다는 이유로 불만을 품을 수도 있다. 그렇지만 그런 상황들 대부분은 자신의 소심함과 비겁성, 그리고 빈곤한 정신 상태의 표현으로 간주되어야 한다.

이미 절대적 보리심과 상대적 보리심에 내포된 가능성을 경험해 보았고, 보내기와 받아들이기도 수행해 보았다면, 당신은 자기 자신의 풍족함에 기뻐하며 자신감을 쌓기 시작해야 한다. 그 풍요는 관대함의 본질이다. 그것은 내적 자원이 풍부하다는 마음을 갖음으로써 빈곤에 시달리는 느낌을 갖는 대신 주변의 모든 것을 활용하여 대처하는 여유를 갖는 것이다. 비록 사막 한가운데 버려져 베고 누울 베개조차 없는 상황이라 해도, 당신은 이끼 낀 바위 한 조각이라도 찾아낼 수 있고, 그것을 편히 베고 누워 잠을 청할 수도 있다. 그러한 풍족감과 여유를 갖는 것이 핵심이다. 이 풍족감, 또는 관대함을 훈련하면 대승불교도가 될 수 있고, 나아가 금강승불교도가 될 수도 있다.

우리는 심각한 가정 문제를 겪고 있다고 불평하는 사람들을 아주 많이 봐왔다. 그 사람들은 일상에서 발생하는 모든 자잘한 일들의 시비를 따지며 서로 다툰다. 하지만 우리는 그럴 필요가 없다. 관대함을 길러 시야를 넓힐 수 있기 때문이다. 또한 우리는 무언가를 다른 사람에게 줄 수도 있다. 꼭 먼저 무언가를 받아야만 내어줄 수 있는 것이 아니다. 그리고 이렇게 관대함이란 개념과 연관을 맺었으므로 우리는 풍족감이 일어나는 느낌도 자연히 경험하기 시작한다. 관대함의 본성은 욕망으로부터의 자유, 집착으로부터의 자유이며, 무엇이든 내어 줄 수 있는 능력 그 자체이다.

이 주제는 로종 수행의 세 번째 요점 가운데 가장 기본이 되는 것이다. 이 범주에는 세 가지 수행이 더 포함된다. 다음 두 주제는 상대적 보리심 수행과 연관된 것으로, 일상에서 일어나는 일들을 활용하여 상대적 보리심을 일깨우는 방법에 대해 다룬다. 14번 주제[네 가지 카야(kayas)의 관점에서 혼돈을 바라보면 공의 견고한 보호를 받는다]는 절대적 보리심 수행과 연관된 것으로, 일상에서 절대적 보리심을 수행하는 법에 대해 다룬다. 그리고 이 부분의 마지막 주제[15번 주제]는 수행 도중 일어나는 모든 일을 길의 한 부분으로 삼을 수 있도록 해주는 특정 행위들과 연관된다.

12. 비난을 자기 자신에게로 돌리기

이 주제는 통상적인 의미에서의 실재, 즉 쿤줍(kundzop)을 다루는 법에 대한 것이다. 일상에서 무슨 경험을 하든, 어떤 상황에 처하든, 우리는 자신이 베푼 친절의 대가로 아무 것도 기대하지 말아야 한다. 누군가에게 친절을 베풀 때는 그 친절에 대한 어떤 보답이 있을 것이라는 기대를 접어두어야 한다. 모든 비난을 자기 자신에게로 돌린다는 말은 우리의 수행과 자각, 이해의 주변부에 존재하는 모든 문제와 난점들이 다른 누군가의 잘못이 아니라는 사실을 뜻한다. 모든 잘못은 항상 우리 자신에게서 시작된다.

많은 사람들이 자비롭고 개방적인 태도를 통해 — 심지어 겉으로만 그렇게 행동하면서 — 이 세상에서 상당히 안락한 삶을 영위하는 듯 보인다. 그들은 이 세상을 잘 헤쳐 나아가는 것 같다. 하지만 같은 세상을 살면서도 우리는 끊임없이 얻어맞고 비난받는다는 느낌을 받는다. 우리는 비난받고 정서 문제, 경제 문제, 가정 문제, 관계상의 문제, 사회적 문제들에 말려든다. 누가 우리를 괴롭히는 것일까? "자기 문제를 남에게 떠넘기지 말라."는 유명한 구절도 있지만, 흥미롭게도 그러한 문제는 실제로 우리에게 떠넘겨진다. 우리 자신이 그 문제들을 떠맡기로 결심해 놓고 나중에 가서 분통을 터뜨리며 화를 내는 것이다. 하지만 다른 누군가가 그러는 것은 아니다.

우리는 다른 누군가와 완전히 같은 생활 방식을 공유할 수 있다. 예컨대, 대학 친구와 함께 지내면서 끔찍한 음식을 같이 먹고, 지저분한 집에 같이 살 수 있다. 하루 일정과 교수진도 똑같다고 해보자. 그런데 그 친구는 매사를 훌륭하게 처리하며 그럭저럭 자유롭게 지내지만, 우리는 자신이 처한 상황에 불만을 품고 항상 화가 나 있다. 우리는 혁명가가 되어 세상을 날려버리고 싶어 한다. 우리를 그렇게 만든 게 누구인가? 우리는 학교 선생님이 그랬다고 말할지 모른다. 또는 모든 사람들이 우리를 미워하는데, 아마 그들이 그랬을 거라고 말할 수도 있다. 하지만 그들은 우리를 '왜' 미워하는 것일까? 이것은 아주 흥미로운 질문이다.

우리에게 일어나는 모든 역경에 대한 비난은 항상, 자연스럽게 우리 자신으로 향해야 한다. 그것이 여기서 우리가 하려는 일이다. 이것은 대승불교식 김빠진 사고방식이 아니다. 만약 당신이 오늘 밤은 대승불교에 대해 공부하고 있어서 참지만, 탄트라로 넘어가기만 하면 그 사람들에게 복수해 주겠노라고 말할지도 모른다. 하지만 그런 태도는 아무 효과도 내지 못한다. 나는 여러분이 그렇게 하지 않기를 바란다. 모든 문제는 우리 자신의 성마른 태도를 기반으로 하여 일어나는 것이기 때문이다. 우리는 조직을 비난할 수도 있고, 정부를 비난할 수도 있고, 경찰을 비난할 수도 있고, 날씨를 비난할 수도 있고, 음식을 비난할 수도 있고, 고속도로를 비난할 수도 있고, 자신의 차를 비난할 수도 있고, 자기가 입은 옷을 비난할 수도 있다. 이처럼 우리는 무한히 다양한 대상과 상황들을 비난할 수 있다. 하지만 무슨 문제든 그냥 내버려두지 못하는 당사자, 따뜻함과 공감 능력을 충분히 계발하지 않는 당사자는 바로 우리 자신이다. 그것이 우리를 골치 아픈 인간으로 만드는 것이다. 그러므로 우리는 다른 그 누구도 비난할 수 없다.

물론 우리는 온갖 종류의 철학 체계를 구축해 놓고 자신이 세상의 목소리를 대변하고 있다고 생각할 수도 있다. 이것이야 말로 세상의 바람이지만 실제 세상을 저렇다고 말하면서. "당신들은 우리가 이 고통을 감수하도록 내버려둬서는 안 돼. 지금 세상은 이런 식이지만 진정한 세상은 저런 식이어야 해." 하지만 우리는 세상을 위해서 이런 말을 하는 것이 아니라 그저 자기 자신을 위해 말하고 있는 것뿐이다.

이 주제는 우리가 무언가에 대해 불평하는 순간에 활용할 수 있으며, 심지어는 커피가 차다거나 목욕탕이 더럽다는 식의 불평들에도 적용할 수 있다. 그것은 포괄 범위가 아주 넓다. 사실 모든 문제는 우리 자신의 완고한 자의식 때문에 일어나는 것이다. 사람들은 이것을 자아에 대한 집착이라고 부른다. 우리가 완강하게 자기중심성을 고수하면 매우 공격받기 쉬운 상황에 처한다. 우리는 결국 이상적인 목표물이 되고 만다. 우리는 공격을 받지만, 먼저 우리를 공격하려고한 사람은 아무도 없다. 우리가 스스로 총알을 끌어들이는 것이다. 사실 모든 비난을 자기 자신에게로 돌리는 것은 아주 중요한 태도이다.

모든 비난을 자기 자신에게로 돌리는 이유는 그렇게 하지 않고서는 보티사트바의 길에 들어설 수 없기 때문이다. 그러므로 당신은 감정적이고 공격적인 비난을 다른 누군가에게 떠넘기려 해서는 절대 안 된다. 모든 비난을 자기 자신에게 돌리는 수행은 바로 그런 태도로부터 시작된다. 이 태도를 기반으로 하여 당신은 다시 자각의 수준에 자리 잡은 채 모든 비난을 자신에게로 돌리는 수행을 한다. 여기에는 가르침을 따르지 않을 경우에 일어날 수 있는 현실적이고 확인가능하며, 논리적인 결과를 실제로 경험해 보는 과정이 포함된다. 예를 들어, 당신은 모든 비난을 조 슈미트에게 돌릴 수도 있지만, 대신 모든 비난을 당신 자신에게로 돌려본다. 그러면 당신은 신경증을 다른 누군가에게 떠넘길 경우 공격성과 신경증이 확산될 수 있다는 사실을 실제로 이해하기 시작하게 된다. 그래서 당신은 그렇게 하는 대신 비난을 스스로 떠맡는다. 이것이 가르침의 기본이다.

이 모든 내용은 다른 사람을 향한 자비와 자기 자신에 대한 애정이라는 범주, 즉 산스크리트어로 카루나와 마이트리라고 불리는 일반 범주에 포괄되는 듯보인다. 말하자면 카루나와 마이트리에 대한 경험이 모든 비난을 자신에게로 돌리는 태도 그 자체인 것이다. 따라서 이 주제는 모든 종류의 잘못된 행동을 피하는 보티사트바의 기본 수행과 연관된다. 그리고 보티사트바가 실수하는 46가지 방식의 목록[부록 참조]은 모든 비난을 자기 자신에게로 돌리는 수행과 연관해서 활용할 수 있다. 이것들은 아주 근본적인 관련성을 맺고 있다.

이 주제는 보티사트바 여정의 핵심이다. 비록 누군가가 끔찍한 과오를 저지른 뒤 당신 탓을 한다면 당신은 그 비난을 떠맡아야 한다. 영향력의 관점에서 보자면, 그런 태도는 상황을 훨씬 더 간단하고 직접적으로 통제하게 해준다. 또한 그것은 복잡한 신경증들을 한 지점으로 모아 단순화시키는 가장 직접적인 방법이기도 하다. 게다가 설령 당신이 비난을 떠맡을 지원자를 주변에서 찾는다 해도 결국 당신 자신 말고는 아무도 찾을 수 없을 것이다. 하지만 그 특정한 비난을 스스로 떠맡는다면 당신은 당신 주변에서 일어나는 신경증을 감소시키고, 다른 사람들 내면에 있는 편집증을 경감시켜 그 사람들이 더 명료한 시야를 얻도록 해줄 수 있을 것이다.

당신은 실제로 이렇게 말할 수 있다. "그것은 내 탓입니다. 이런 저런 일이 발생해서 이런 저런 결과가 나온 것은 제 잘못입니다." 이것은 아주 단순하고 평범하다. 하지만 그렇게 하고 나면 당신은 방어적 태도를 취하지 않는 누군가와 터놓고 이야기를 할 수 있다. 당신이 이미 모든 비난을 떠맡았기 때문이다. 일단 비난을 받아들이고 나서 누군가와 이야기 하는 것이 그렇지 않을 경우보다 훨씬 더 쉽고 효과적이다. 그러면 당신은 상황을 명료히 할 수 있을 것이고, 실제로 그 문제에 원인을 제공한 상대방이 자신의 잘못을 인식할 가능성도 커질 것이다. 그는 자신이 끔찍한 짓을 했다는 사실을 깨닫게 될지도 모른다. 어쨌든 그 전에 당신이 먼저 비난 — 지금쯤 그것은 사소한 문제로 변해 있을 것 — 을 떠맡는 것이 도움이 된다. 그것은 상당히 효과적이다.

이런 접근법을 취하는 것은 엄청나게 중요하다. 실제로 나는 이 방편을 무수히 활용해 왔고, 많은 비난을 직접 떠맡아 보았다. 어떤 사람들은 내 권고를 자기 방식대로 이해하고는 끔찍한 짓을 하기도 한다. 하지만 그래도 괜찮다. 나는 그것을 온전히 내 문제로 받아들일 수 있다. 그런 식으로 처신하면 그 사람과 교감할 수 있는 어떤 기회가 주어지고, 상대방은 오해를 푼 뒤 행위를 적절히 바로잡기 시작할 수 있다. 문제될 것은 아무것도 없다.

이것은 관료들에게도 도움이 되는 지침이다. 만일 사람들이 비난을 스스로 떠맡아 동료들이 계속 일에 전념하게 할 수 있다면 조직 전체의 효율이 향상되어 훨씬 효과적으로 일을 처리할 수 있게 될 것이다. 만일 당신이 "정말 어이없군! 난 그런 일 하지 않았어. 내가 아니라 네가 한 짓이야. 난 아무 잘못 없어."라고 말한다면 문제가 아주 복잡하게 얽힐 것이다. 당신은 작고 더러운 덩어리 하나가 축구공처럼 사무실 여기저기로 튀어 다니는 광경을 보게 된다. 그리고 그것을 놓고 너무 오랫동안 싸우다 보면 그것을 해결하는 일이 훨씬 더 어려워진다. 그러므로 비난은 일찍 떠맡을수록 더 좋다. 비록 그것이 근본적으로는 당신의 잘못이 아니라 해도 당신은 그것을 자신의 잘못인양 떠맡아야 한다.

몬파(monpa)와 죽파(jukpa)라는 보티사트바 서원의 두 측면[보티사트바의 길에 들어서고자 하는 바람과 실제로 들어서는 행위]이 만나는 홍미로운 지점이 바로 여기인 듯하다. 그것은 지각을 지닌 동료 존재들을 대하는 법과 관련된다. 만일 당신이 자신에게 비난이나 불의가 다가오는 것을 조금도 허용치 않는다면, 아무 일도 제대로 풀리지 않을 것이다. 만일 당신이 그 모든 비난을 흡수하지 않고 대신 자기가 너무 선하고 너무 올바르기 때문에 그것은 내 잘못일 수 없다고 말한다면, 아무 일도 제대로 풀리지 않을 것이다. 왜냐하면 모든 사람들이 누군가 비난할 사람을 찾고 있는데, 그들은 누구보다 '당신'을 비난하고 싶어하기 때문이다. 당신이 뭔가를 잘못해서가 아니라 당신 가슴에 유연한 지점이 있다고 생각하기 때문에 그러는 것이다. 그들은 자신의 잼이나 꿀이나 본드 따위를 당신에게 묻히면, 당신이 그것을 순순히 받아들이고는 "좋아, 그건 내 잘못이야."라고 말할지 모른다고 생각한다.

하지만 일단 당신이 그런 태도를 취하기 시작하면, 그것은 가장 고차원적이고 강력한 논리로 작용한다. 사실 위와 같은 말은 당신이 외울 수 있는 최강의 주문이다. 당신은 그 모든 사태를 실제로 해결할 수 있다. 당신은 그 독을 흡수할 수 있고, 그러고 나면 나머지 환경은 당신을 위한 약이 되어준다. 만일 아무도 그 비난을 흡수하려하지 않는다면, 그것은 거대한 축구공이 되어버린다. 그런데 그 축구공은 실제 축구공처럼 탱탱하지도 않고 찐득찐득한 본드가 안과 밖에 잔뜩 묻어 있다. 모든 사람들이 그것을 서로에게 패스하려고만 하며, 따라서 변화는 일어나지 않는다. 결국 그 공은 점점 더 크게 부풀어 오르다가 나중에 가서는 혁

명의 원인이 되고야 만다.

국제 정치의 영역에는 그 비난을 다른 누군가에게 떠넘기려고 하는 사람들, 즉 그 거대하고, 찐득찐득하고, 더럽고, 냄새나고, 온갖 종류의 벌레들이 기어 나오는 축구공을 다른 누군가에게 패스하고 싶어하는 사람들이 항상 있다. 그들은 이렇게 말한다. "그것은 내 것이 아니야. 네 것이야." 공산주의자들은 그것이 자본주의자들 것이라고 말하고, 자본주의자들은 그것이 공산주의자들 것이라고 말한다. 하지만 그 공을 이리저리 내던지는 행위는 그 누구에게도 도움이 안 된다. 이처럼 정치 이론의 관점에서 봤을 때조차 — 대승불교에 정치라 불릴만한 뭔가가 있기라도 하다면 — 아직 정당화되지 않은 비난을 흡수하여 그것을 이해하려 노력하는 태도는 아주 중요하다. 그건 매우 중요하며 필수적인 태도이다.

이런 접근법은 유신론적이거나, 서구적·동양적이지도 않다. 그것은 그저 실천할 수 있는 하나의 지침일 뿐이다. 바로 이 점이 무신론의 흥미로운 부분들 가운데 하나이다. 유신론 전통을 따르는 사람들은 비난을 실제로 떠맡지 않는다. 아마도 그들은 큰 코에 수염을 기른 친구가 하늘 위에서 옳다고 하면 옳은 것으로 여기고는 그것을 위해 싸울 것이다. 하지만 그르다고 하면 그저 뉘우칠 수밖에 없을 것이다. 네 의무에 충실하라는 말도 있지 않은가? 옛 사고방식에 대해서는 이 정도만 해두기로 하자. 그런데 상당수의 사람들에게는 우리가 지금 다루는 태도가 낯설게 느껴질지 모른다. 당신은 기겁을 하며 이렇게 말할지 모른다. "다른 누군가를 대신해 비난을 떠맡아야 한단 말인가? 그러다 죽으면 어쩌란 말인가?" 물론 그렇게 멀리까지 나갈 필요는 없다. 하지만 당신은 그 정도의 비난에도 익숙해질 수 있다. 당신에게는 그럴 능력이 있다.

당신은 보통 일상에서 일어나는 온갖 문제들 — 정치적, 환경적, 심리적, 가정적, 종교적 문제들 — 에 대해 다른 누군가를 비난하기로 작정한다. 때로는 비난을 떠넘길 사람이 없을 지도 모르지만, 당신은 아직 '무언가 잘못되었다'는 식의 논리를 고안해 낼 수 있다. 당신은 관공서나, 정치인이나, 친구들을 찾아가서 환경이 개선되어야 한다고 호소할지도 모른다. 사람들이 불평을 늘어놓는 방식은 대개 이렇다. 또는 당신은 자기처럼 환경에 대해 불만을 품은 사람들로 집단을 구성한 뒤 탄원서에 포함시킬 서명을 모아 영향력 있는 지도자에게 제출할지도 모른다. 아니면 당신의 불평은 순전히 개인적인 것일 수도 있다. 당신 남편이나 아내가 다른 누군가와 사랑에 빠졌다면 당신은 배우자에게 연인을 포기하라고 요구할 것이다. 하지만 정작 자신의 문제는 생각도 하지 않으며, 자신이 아주 순수하고 좋은 사람이라고 느낀다. 당신은 자신을 100% 깨끗하게 유지하고 싶어한다. 당신은 문제의 규모가 크든 작든 항상 다른 누군가에게 당신을 위해 무언가 해달라고 요청한다. 하지만 만일 당신이 자기가 하는 행동을 가만히 들여다본다면 그것이 얼마나 불합리한지 깨닫게 될 것이다.

당신 남편이 충분히 용감한 사람이라면 이렇게 말을 걸어올지 모른다. "당신에게도 어느 정도는 잘못이 있지 않아? 문제를 해결하려면 당신도 나와 함께 무언가 해야 하지 않을까?" 당신 아내가 충분히 용감한 사람인 경우에도 비슷한 방식으로 말을 걸어올 것이다. 또는 당신 배우자가 다소 소심하고 지적인 사람이라면 "우리 둘 다 잘못이 있어."라고 말할지도 모른다. 하지만 "문제가 있는 건 바로 '나'야"라고 말하는 사람은 아무도 없다. 누군가 당신에게 "그것은 바로 네 탓이야."라고 말하면 당신은 기분이 아주 나쁠 것이다. 우리는 여기서 상대적 보리심과 관련된 문제와 마주친다.

경전은 "모든 비난을 자기 자신에게로 돌리라"고 말한다. 이렇게 해야 하는 이유는 당신이 지금까지 자기 자신을 너무나도 애지중지 해왔기 때문이다. 심지어는 다른 사람들의 삶을 희생시켜가면서까지 당신은 자신을 지나치게 귀히 여기면서 극진히 모셔왔다. 가끔은 자기 자신이 싫다고 말할지도 모르지만, 그때조차도 당신은 스스로를 너무 좋아해서 다른 모든 사람 따위는 시궁창이나 하수구에 내던져버릴 수 있다는 사실을 가슴 깊이 안다. 당신은 정말로 그렇게 할 수도 있다. 당신은 누군가가 당신을 위해 자신의 삶을 희생하고 자기를 내다 팔도록 내버려 둘 것이다. 그렇다면 그와 같은 당신은 대체 누구인가? 그러므로 모든 비난을 자기 자신에게로 돌리는 태도는 아주 중요하다. 이 주제는 당신의 삶 전체를 상대적 보리심 수행의 한 부분으로 보도록 해주는 첫 번째 주제이다.

이 주제는 자기 목소리를 내지 말아야 한다는 뜻이 아니다. 모두에게 분명히 해가될 만한 무언가를 발견한다면 당신은 사람들에게 분명히 알려야 한다. 하지만 이런 말을 할 때도 당신은 모든 비난을 자기 자신에게로 돌리는 태도를 취할 수 있다. 중요한 것은 권력자들에게 문제를 제시하는 방식이다. 보통 당신은 미국인 특유의 공격적 태도로 그들에게 대든다. 당신은 당신 자신과 다른 사람들을 위해 민주적인 방식으로 발언하는 훈련을 받았다. 당신은 플래카드를 들고 거리로 나와 불평을 한다. "우리는 무엇 무엇이 싫다!" 하지만 이런 태도는 권력자들을 훨씬 더 완고하게 만들 뿐이다. 훨씬 더 효과적이고 현명한 접근법이 분명히 있을 것이다. 예컨대 당신은 이렇게 말할 수 있다. "우리 잘못일 수는 있지만, 이 물은 맛이 별로다." 당신은 동료들과 함께 이렇게 말할 수 있다. "이 물은 마시기 꺼림칙하다." 이런 언급은 아주 단순하고 직접적인 방식으로 이뤄질 수 있다. 당신은 온갖 법적 소송에 휘말려들 필요가 없다. 당신은 달변을 늘어놓으며 "모든 인류에게 자유를!"이라고 외치는 식의 대중 선언을 할 필요가 없다. 어쩌면 당신은 개와 고양이를 함께 데리고 나올 수도 있을 것이다. 이 모든 일은 아주 온화한 방식으로 이뤄질 수 있다.

이 사회에는 문제가 있지만 그것을 해결하는데 '정당한 시민으로서의 나', '사회의 중요 구성원으로서의 나'를 내세울 필요는 없다. 민주주의는 내가 그 놈의 '나 자신'을 위해 목소리를 낸다는 태도를 기반으로 성립되었다. "나는 민주주의를 위해 말하는 것이다. 난 내 권리를 행사하고 싶고, 다른 사람의 권리도 대신하고 싶다. 그래서 말인데 우리는 이 물 마시기 싫다." 하지만 이런 접근법은 별 효과가 없다. 민주주의의 요점은 그저 시위나 벌이는 것이 아니라 사람들 개개인의 경험을 한데 모으는 것이다. 그것은 우리가 앉아서 하는 명상을 통해 하고 있는 일과 다르지 않다.

만일, 극단적인 경우에 내가 어쩌다 중앙 정부에 들어가서 버튼 하나로 세상을 전멸시키려 하는 누군가를 목격하게 된다면 주저 없이 즉석에서 그 사람을 죽일 것이다. 심지어 나는 그래 놓고 기뻐하기까지 할 것이다. 하지만 이것은 지금 우리가 이야기하는 내용과는 약간 다른 문제다. 앞의 경우 당신은 사회 전체 권력의 핵심 문제와 대면한다. 하지만 여기서는 공동의 노력을 통해 세상을 부드럽게 다듬고, 이를 통해 깨달은 사회를 형성해 내는 방법에 대해 이야기하고 있는 것이다. 깨달은 사회를 창조해 내려면 그와 같은 특성이 사회 전반에 배어들게 해야 한다.

13. 사람에게 감사하기

이 주제도 통상적인 의미에서의 실재, 즉 쿤좁(kundzop)에 대해 다룬다. 말하자면 이 세상이 없이는 깨달음을 얻을 수도 없고, 깨달음을 향한 여정도 있을 수 없다는 것이다. 세상을 거부한다면 그것은 곧 작업의 기반을 거부하고 길 자체를 거부하는 셈이 될 것이다. 우리의 모든 과거사와 모든 신경증들은 어떤 의미에서는 다른 사람들과 긴밀히 연관되어 있다. 우리의 모든 경험들은 근본적으로 타인과의 관계에 기반을 둔다. 그러므로 우리가 수행을 한다는 느낌을 지니는 한, 그리고 깨달음을 향한 길을 걷고 있다는 약간의 인식을 지니는 한, 외관상 장애물처럼 보이는 그 모든 작은 문제들은 길의 필수적인 한 부분으로 변형된다. 그것들이 없다면 우리는 그 무엇도 얻을 수 없을 것이다. 우리는 피드백을 받을 수도 없고, 노력을 기울일 대상도 지니지 못할 것이다. 수행 대상이 완전히 사라지는 것이다.

따라서 우리 주변에 일어나는 모든 현상들, 즉 짜증나는 일과 문제들 모두는 어떻게 보면 결정적인 중요성을 지닌다고 할 수 있다. 다른 사람들이 없다면 깨달음을 얻을 수 없고, 사실상 깨달음으로 향하는 길 위를 걸을 수조차 없는 것이다. 앉아서 하는 명상을 수행하는 동안 밖에서 소음이 나지 않는다면 알아차림을 계발할 수 없다고도 말할 수 있을 것이다. 수행 도중 몸이 가렵지도 않고 통증이 느껴지지도 않는다면 알아차림을 확보할 수 없고, 사실상 명상을 제대로 못할지도 모른다. 세상 모든 것이 달콤하고 말랑말랑하기만 하다면 관심을 기울여 해결해 낼 대상을 아무것도 지니지 못할 것이고, 따라서 사방이 백지로 보일 것이다. 하지만 우리는 주변에서 느껴지는 그 모든 질감으로 인해 엄청난 풍요를 누리고 있다. 따라서 우리는 앉아서 명상 수행을 할 수 있다. 우리에게는 기운을 북돋우거나 낙담시키면서 행실을 점검해주는 참조점이 있다. 이처럼 모든 것은 길과 연관되어 있다.

이 특정한 가르침의 중심 의미는 우리의 피와 살을 다른 사람들에게 실제로 내주라는 것이다. "당신이 원한다면, 나를 가지고, 소유하고, 납치하고, 통제하시오. 어서 해보라니까. 나를 가지고 당신이 하고 싶은 대로 하시오. 나를 구타해도 좋고, 내 위에 똥을 싸도 좋고, 나를 난도질해도 좋소. 당신 도움이 없다면 나는 내 길을 제대로 걸어갈 수 없을 것이오." 이것은 아주 강력한 태도다. 카담파의 스승인 랑리 탕파는 다음과 같은 인상적인 말을 남겼다. "나는 모든 실수는 내게 속하고 모든 미덕은 다른 사람에게 속한다는 사실을 깨달았다. 따라서 나는 정말 나 자신을 제외한 그 누구도 비난할 수 없다."

그리고 함께 기억해 두면 좋을만한 짧은 구절이 있어 소개하고자 한다. 티베트 사람들은 그 구절을 문고리 같은 곳에 붙여 놓는다. 그 구절은 다음과 같다. "이익과 승리는 타인에게, 손실과 패배는 나 자신에게." 잘못된 관점에서 바라본다면 이 말은 끔찍할 정도로 자신에게 가혹한 것으로 들릴 것이다. 특히 가톨릭에는 원죄 개념과 연관해서 모든 비난을 자기 탓으로 돌리는 잘 알려진 사고방식이 있다. 하지만 이 구절은 죄를 문제 삼는 것도 아니고, 우리가 엄청난 잘못을 저질렀다고 비난하는 것도 아니다. 그것은 그저 사물을 있는 그대로 보자는 말이다. 여기서 말하는 '이익과 승리'는 법의 길을 걸을 수 있도록 힘을 북돋워주는 모든 것들을 의미하며, 그것은 세상에 의해 제공된다. 하지만 동시에 우리 내면은 손실과 패배로 가득 차 있기도 하며, 그것은 우리에게 속한 것이다. 우리는 이러한 점 때문에 시무룩해져서는 안 된다. 도리어 우리는 그 점에 대해 자부심을 느낄 줄 알아야 한다. 우리가 마침내 대범한 사람이 되었다는 사실, 이익을 다른 사람에게 돌리고 손실을 우리 자신에게 돌릴 수 있는 사람이 되었다는 사실은 환상적인 것이기 때문이다. 그것은 엄청나게 훌륭하다! 이른 아침 막 깨어나 다소 무력감을 느끼는 상태에서는 그렇지 않을지도 모른다. 하루가 끝날 무렵 술도 한잔 하고 배도 든든해 상대적으로 편한 상태라면 그렇게 느끼겠지만 말이다. 하지만 그것은 근본적으로 진실이다.

이런 진술은 유대인들의 한탄사처럼 죄나 처벌 관념에 기반을 둔 것이 아니다. 우리가 다른 사람의 탓으로 돌리는 무수한 것들이 사실상 우리 행위의 결과라는 것은 분명한 사실이다. 그렇지 않다면 우리는 이러한 문제에 시달리지도 않았을 것이다. 그렇다면 왜 다른 누군가는 문제를 겪지 않는데 우리는 문제를 겪는 것일까? 대체 원인이 뭘까? 분명 우리가 어떤 계기를 제공했을 것이다. 우리는 자신의 사례를 글로 적고 변호사를 고용하여 우리가 옳고 다른 누군가는 그르다는 사실을 증명하려 할 수도 있다. 하지만 그 과정도 성가시기는 마찬가지다. 그런 식으로 해서는 문제와 골칫거리만 양산하게 된다. 그리고 우리 사례를 정당화하려고 시도해봤자 아무 효과도 없다. 깨달음을 얻는데 변호사를 고용할 수는 없는 노릇이다. 그것은 불가능하다. 붓다 자신에게도 변호사가 없었던 것으로 안다.

"모든 사람에게 감사한다."라는 주제는 일단 우리가 모든 비난을 자기 자신에게로 돌리고 나면 저절로 취하게 되는 태도를 표현한 것이다. 우리는 자신을 괴롭혀줄 다른 사람들이 존재하지 않았다면 모든 비난을 우리 자신에게로 돌릴 수도 없었을 것이라는 느낌을 받게 된다. 지각 있는 모든 존재와 세상의 모든 사람들은 '나 자신'과 관계할 수 없다. 다른 사람들이 없었다면 우리는 자아 밖으로 성장해 나아갈 기회를 결코 갖지 못했을 것이다. 그러므로 이 주제의 중심 의미는 다른 사람들이 우리에게 엄청난 장애를 제공해 준다는 사실에 감사하라는 것이다. 이 장애를 제대로 이해하는 것, 그것이 핵심이다. 그것들이 없었다면 우리는 결코 깨달음의 길을 따를 수 없었을 것이다.

법의 길을 걷는 것은 우리의 신경증을 다루는 것과 연관되어 있다. 그런데 만일 신경증 제공자가 없다면 우리는 어떤 신경증도 일으키지 못할 것이다. 그러므로 우리는 그러한 사람들에게 깊이 감사해야 한다. 사실상 그들은 우리를 법의 길로 밀어 넣어주는 당사자들이다. 이 가르침의 원천인 아티샤의 일화 하나를 소개해 보면 다음과 같다.

아티샤는 티베트로부터 가르침을 펴달라는 초대를 받았는데, 그는 일전에 티베트 사람들이 아주 친절하고, 온화하고, 호의적인 사람들이란 말을 들은 적이 있었다. 그래서 아티샤는 수행 대상으로 아주 조급한 성격의 벵골인 하인을 데려가야겠다고 판단했다. 티베트인들이 너무 좋다는 소리를 들었기 때문에 하인을 데려가 그를 대상으로 로종 수행을 하려고 했던 것이다. 하지만 흥미롭게도 나중에 가서는 하인을 데려올 필요가 없다고 했다. 티베트인들이 소문만큼 훌륭하지 못했기 때문이다.

누군가가 당신에게 상처를 입힌다면, 당신은 상대방에게 수행할 기회를 줘서 고맙다고 해야 한다. 하지만 상처를 입도록 자신을 노출시킬 필요는 없다. 그것은 일종의 순교행위일 뿐이다. 당신은 상처를 입혀 달라고 요청하지 않아도 된다. 하지만 그런 상황에 처하게 되면 우리가 지금까지 논의한 모든 내용이 적용된다. 그 모든 상황을 연출해야 한다는 말이 아니다. 대신 누군가가 당신을 비난하면 "그건 내 잘못 맞아"라고 생각하라는 것이다. 당신은 그런 상황들을 피할 필요가 없고, 반대로 일부러 불러들일 필요도 없다. 그저 아주 온전하게, 아무도 해치지 않으면서 일상을 영위해 나아가면 된다. 그것은 아주 단순하다. 하지만 만일 누군가가 당신을 해치는 일이 발생한다면, 그때는 어떻게 대응해야 할지 알 것이다. 우리가 지금 고의적으로 칼에 뛰어드는 법을 배우고 있는 것이라고 생각한다면 그것은 오해이다. 당신은 자신을 해치는 그 사람과

109

가까운 관계를 맺는 법을 배우는 중이다.

보다 고차원적 단계에서는 완력으로 공격을 중지시킴으로써 상대가 카르마를 짓지 않도록 해줄 수도 있다. 하지만 이것은 아주 높은 수준의 연민이다. 예컨대 매복한 적에게 공격받은 티베트 스승의 이야기가 있다. 적들은 길가에 숨어 있다가 가르침을 펴러 가는 스승을 죽일 작정이었다. 하지만 스승은 단검을 뽑아 "이것은 호랑이 이빨이다!"라고 말하며 적의 우두머리를 찔러 즉사시켰다. 다른 적들은 너무 충격을 받은 나머지 그를 가도록 내버려 두었다. 이와 같은 것은 완전히 다른 접근법이다. 나는 우리가 거기까지 가는 것은 너무 위험하다고 생각한다. 자신이 무슨 일을 하는지 알고 있는 한 문제될 건 없지만, 이런 식의 접근법은 문제를 악화시킬 수 있다.

'손실과 패배'는 사실상 근본적인 의미에서의 고통을 뜻하는 것이 아니다. 그것은 단지 게임일 뿐이다. 원하던 것을 얻지 못해서 다소 짜증이 난 상태처럼 우리 삶에 항상 일어나는 자잘한 경험들을 지칭하며, 진짜 고통과는 아무 관계도 없다. 우리는 원하던 것을 항상 얻지는 못하고 그것 때문에 좌절하곤 한다. 우리는 돈을 탕진하거나 차 사고를 내거나 하면 무언가를 향해, 다른 누군가를 향해, 심지어는 우리 자신을 향해 화를 낸다. 그것은 진짜 고통이 아니라 그저 골치 아픈 일일 뿐이다.

이 접근법의 요지는 온갖 종류의 골치 아픈 일에 대처하면서 그들을 변화시키고, 깨달음을 향한 여정의 한 부분으로 활용하라는 것이다. 우리는 지금 근본적 고통에 대해 다루는 것이 아니다. 나는 이 모든 현상들을 너무 심각하게 여기는 것이 우리가, 특히 서양인들이 지닌 문제점들 가운데 하나라고 생각한다. 우리는 이 모든 현상들을 쓸데없이 복잡하게 만들며, 제대로 게임을 즐기지도 못한다. 하지만 이 경험들은 큰일이 아니라 하나의 교환에 지나지 않는다. 마침내 중대한 계약서에 서명을 하거나 죽음을 맞이하게 된다 해도 당신은 그 상황을 속 편히 받아들일 줄 알아야 한다. 이 점을 명심하고 하나의 주제로 만들기 바란다. 무슨 일이 일어나더라도 당신은 그것을 지나치게 심각하게 받아 들여서는 안 된다. 무슨 문제가 터지더라도 그것을 궁극적이고 결정적인 문제로 여기지 말고, 그저 오고 가는 일시적 현상으로 간주해야 한다.

분명 이렇게 되려면 많은 훈련과 이해가 필요하다. 이 여정을 미리 계획하고 자신의 마음 상태를 길들이지 않는 한 이 태도를 수행하기는 힘들 것이다.

또한 기본적으로 공의 경험에 대한 약간의 이해도 필요하다. 고정된 기반 같은 것은 애초부터 없었다는 것을 알면, 기반도 없이 일어나는 모든 일이 대처 가능한 것으로 여겨지기 때문이다. 이런 태도는 사실 아주 강력하다. 어쨌든 지금까지는 그래 왔다. 내가 10대였을 때 이런 가능성은 나를 엄청나게 흥분시켰다. 그것은 매우 직접적이고 아주 단순하며, 골치 아픈 일과 마주했을 때 크게 도움이 된다.

14. 네 가지 카야(kayas)의 관점에서 보호받기

"네 가지 카야의 관점에서 혼돈을 바라보면 공의 견고한 보호를 받는다."라는 주제를 보고 품을 수 있는 기본적인 의문은 누가, 무엇이 보호 받느냐 하는 것이다. 온갖 종류의 다른 질문들도 제기해볼 수 있겠지만, 기본적으로 이 주제는 사물을 있는 그대로 인식하는 방식에 대해 이해하거나 깨닫는 것을 문제 삼는다.

사물을 처음 인식할 때는 먼저 기다림, 또는 개방성의 느낌이 일어난다. 특정 상황을 파악해내는 법을 모르기 때문에 어떻게 대상을 인식해야 할지 불확실한 느낌이 들지만, 곧이어 우리는 사물을 어떻게 체계화시켜야 하는지 명료히 이해하게 된다.

세 번째로 우리는 위 두 가지 인식을 연관짓기 시작한다. 그리고 마지막으로는 그 대상 전체에 대한 총체적 경험을 하게 된다. 이것이 우리가 경험하는 네 가지 상태의 마음, 또는 네 가지 상태의 정신 과정이다. 이 네 가지 과정은 다르마카야(dharmakaya), 니르마나카야(nirmanakaya), 삼보가카야(sambhogakaya), 스바바비카카야(svabhavikakaya)의 네 가지 카야들과 연관되어 있다.

다르마카야의 태도로 세상에 반응할 때 우리는 보통 불확실성과 당혹감을 느낀다. 전략은 아직 짜여지지 않았고 계획도 완전히 조직되지 않은 그냥 기본적 개방성의 느낌이다. 니르마나카야는 이 과정의 두 번째 단계이다. 이 시점에서는 상황에 대한 기본적 이해라는 일종의 명료성이 들어선다. 그리고 불확실성, 또는 개방성과 이 명료성을 연관시키기 위해 우리는 삼보가카야를 필요로 한다. 삼보가카야는 이 두 인식 간의 간극을 메우고 그들을 한데 결합시킨다. 이처럼 다르마카야와 니르마나카야는 삼보가카야를 통해 하나로 융합된다. 티베트 불교의 전통에

따르면 이것이 사물들을 바라보는 실제적 방법이다.[1]

스바바비카카야는 이 모든 것에 대한 전체적 이해이자 총체적 경험이다. 우리가 마음을 대상에 비추기 시작할 때, 우리가 그 대상을 파악할 때, 우리가 카야들 간의 어떤 연관성을 깨닫기 시작할 때, 그때 경험하게 되는 이해의 전체성이 스바바비카카야이다.

스바바비카카야는 포괄적인 존재 상태이며, 이 상태의 마음에는 탄생, 소멸, 거주의 초월이라 부르는 것도 포함된다. 탄생의 초월이란 사고 과정이 일어나지 않는 것을 의미한다. 우리의 존재 상태는 마음이나 생각 같은 것이 탄생시키지 않고, 그저 단순히 열린 존재로 머물 뿐이다. 소멸의 초월이란 그 어떤 생각도 다른 무언가에 의해 덮이거나 대체되지 않는 한 가라앉지 않는다는 것을 의미한다. 그리고 거주의 초월이란 생각들이, 가끔 그러한 것처럼 보일 수는 있지만, 그 어디에도 머물지 않는다는 것을 의미한다. 그러므로 스바바비카카야의 중심 의미는 탄생, 소멸, 거주하는 사고 과정 너머를 보라는 것이다.

네 가지 카야(다르마카야, 니르마나카야, 삼보가카야, 스바바비카카야)들이 위대한 보호수단으로 작용하는 이유는 우리가 마음의 작용 방식과 우리의 존재 상태를 깨닫기 시작했기 때문이다. 우리는 마음에 떠오르는 모든 것이 항상 그와 같은 흐름, 그 특정한 본성에 종속된다는 점을 깨닫는다. 갑작스런 고통, 갑작스런 분노, 갑작스런 공격성, 갑작스런 열망, 그 무엇이

---

1 "세 가지 카야를 분류하는 전통적인 방식은 이와 다르다. 즉 다르마카야, 삼보가카야, 니르마나카야 순이다."-초감 트룽파

일어나건 간에 그것은 항상 같은 과정, 같은 절차를 따른다. 모든 것은 항상 네 가지 카야로 포괄해낼 수 있다. 자신의 마음이 그다지 초월적이지 못하고 깨어있지 않다고 생각할 수도 있지만, 그럼에도 불구하고 마음의 유형은 여전히 네 가지 카야의 범주에 종속된다. 그러므로 모든 것의 본성은 현재성이다. 생각은 그냥 떠오른다. 당신은 그것의 탄생과정을 지켜볼 수 없고, 그냥 거기 있다는 것만 알아챌 수 있다. 생각은 죽는다. 그것은 그냥[트룽파가 손가락을 튕긴다.]. 그것은 머물지 않는다. 그것은 그냥[트룽파가 손가락을 다시 튕긴다.]. 이 모두는 자연스런 과정이다.

이 주제는 약간 모호해 보일지 모른다. 하지만 그것은 자기 자신을 탐구하고 관조함으로써, 그리고 사마타와 위빠사나를 수행함으로써 자신의 마음을 이해하라는 절대적 보리심 개념과 관련성을 지닌다. 이런 훈련을 수행함으로써 당신은 마음의 본질이 공하다는 사실을 깨닫고, 마음의 본성이 밝고 명료하다는 사실을 이해하며, 표현된 형태의 마음은 활동적이라는 사실을 자각하기 시작하게 된다. 이런 통찰은 오직 방석에 앉아 있을 때에만 발생할 수 있다. 오직 방석 위에서만 당신은 자신의 마음이 기원을 지니지 않는다는 사실을 이해할 수 있다. 관찰에만 의존하여 판단하자면 생각이 일어나는 원천 같은 것은 없다. 또한 당신은 그 생각들이 어디로 가는지 모른다. 생각들은 그냥 일어나고 그냥 사라진다. 게다가 당신은 생각들이 어디에 거주하는지도 모른다. 당신이 알아차림과 자각의 느낌을 어느 정도 계발했다면 특히 그렇게 보일 것이다.

당신이 알아차림과 자각을 계속해서 수행해 나아감에 따라 마음속에 있는 외관상의 혼돈과 무질서가 부조리해 보이기 시작할 것이다. 당신은 생각들이 실제적인 근원도, 원천도 없이 그저 다르마카야로서 불쑥 나타난다는 점을 깨닫기 시작한다. 그들은 태어난 것이 아니다. 그리고 당신의 생각들은 그 어디로도 가지 않고 소멸하지도 않는다. 그러므로 당신의 마음은 니르마나카야로 이해된다. 게다가 사실 마음속에서는 어떤 활동도 일어나고 있지 않다. 따라서 마음이 어딘가에 머물 수 있다는 개념도 터무니없어 보이기 시작하는데, 왜냐하면 의지하여 머물 곳은 어디에도 없기 때문이다. 그러므로 당신의 마음은 삼보가카야로 이해된다. 이 전부를 합쳐보면 탄생도, 소멸도, 활동이나 거주도 없다는 결론이 나온다. 그러므로 당신의 마음은 스바바비카카야로 이해된다. 여기서 핵심은 마음을 공백상태로 만들지 않는 것이다. 그것은 그저 초월적인 알아차림과 초월적인 자각의 결과로 인해 실제로 일어나는 일이 아무 것도 없음을 이해하기 시작한다는 뜻이다. 비록 당신은 이와 동시에 무수한 일들이 일어나고 있다고 생각하겠지만 말이다.

마음속에 일어나는 혼돈과 무질서가 탄생, 소멸, 거주하지도 않는다는 점을 깨닫는 것이 최상의 보호수단이다. 공이 최고의 보호수단이 되는 이유는 그것이 당신 신념들의 경직성을 제거해주기 때문이다. "난 나만의 확고한 생각이 있어.", "이것이 나의 원대한 사상이야.", "내 생각은 너무 매력적이야.", "내 마음속에는 고매한 것들이 넘쳐나.", "외계인들이 내려와 나하고 이야기를 했어.", "내 마음속에는 칭기스칸이 살아.", "예수 그리스도께서 내 마음속에 재림 하셨어.", "내게는 도시를 건설하고, 엄청난 뮤지컬을 쓰고, 세계를 정복하겠다는 웅대한 계획이 있어." 무슨 생각이든 상관없다. 또 이런 생각일 수도 있다. "이제 어떻게 생계를 꾸려나가지?", "어떻게 인격을 갈고 닦아야 세상 사람들이 알아줄까?", "난 이 문제들이 정말 싫어!" 하지만 이 모든 계획과 생각과 공상들은 전부 비어 있다! 그것들의 이면을 보는 것은 마스크 뒷면을 보는 것과 같다. 마스크의 뒷면을 조사해 본다면 당신은 그것이 빈껍데기라는 사실을 깨닫게 될 것이다. 코와 입 부분에 구멍이 나 있어 진짜처럼 보일지는 모르지만 뒤집어 놓으면 더 이상 사람 얼굴로 보이지 않을 것이다. 그것은 그저 구멍 뚫린 잡동사니에 지나지 않는다. 이 점을 깨닫는 것이 당신을 위한 최상의 보호수단이 된다. 당신은 자신이 더 이상 가장 위대한 예술가가 아니라는 점을 깨닫는다. 당신은 자신이 터무니없고 존재하지도 않는 대상을 창조해내고 있었다는 점을 깨닫는다. 이 깨달음은 혼돈(자아관념)의 뿌리를 치는 것으로서 당신을 위한 최상의 보호수단이 되어준다.

이 주제는 절대적 보리심의 수준에서 모든 일을 길의 한 부분으로 활용하는 것과 연관되어 있다. 하지만 그것은 상당히 다루기 까다롭다. 네 가지 카야에 대해 명상하기만 하면 모든 것이 보호받는다는 말을 들으면, 당신은 당신 아이들도 보호받을 것이고, 형제자매들도 보호받을 것이고, 당신 재산과 자동차도 보호받을 것이란 식으로 생각할 수도 있다. 그렇지만 이 보호는 그런 수준에서의 보호를 뜻하는 것이 아니다. 그것은 공의 보호를 뜻하며, 공의 보호란 당신이 더 이상 그 어디에도 머물지 않고 공에 매달려 있게 된다는 것을 뜻한다. 그것은 이 모든 현상에 접근하는 아주 명료한 방식이다. 우리는 지금 무아에 대해 말하고 있

는 것이 아니다. 우리는 보호받을 수단을 강구하고 있다. 하지만 당신은
자신에게 자아가 없고, 따라서 보호할 것도 없다는 점을 깨닫게 될지도
모른다. 그러면 당신의 보호시도는 기반을 잃게 된다. 그것은 어떤 의미
에서는 매우 임상적인 접근법이다. 당신에게 세균이 서식할 장소가 없
다면 세균은 그 어디에도 있을 수 없는 것이다.

　네 가지 카야라는 관념은 탄트라적인 것이 아니다. 그것은 대승불교
의 고차원적 사고방식이다. 이 관념은 법의 세 번째 시기에 발생한 것
으로, 마이트레이야(Maitreya, 彌勒)의 《웃타라탄트라(Uttaratantra)》[2]와 《금강
경》[3]에서 찾아볼 수 있다. 그러므로 이건 탄트라의 사고방식이라고 볼
수 없다. 하지만 동시에 거기에는 탄트라적인 면도 있다. 돈(dons)이나 보
호자들과 관계 맺는다는 사고방식은 탄트라로부터 큰 영향을 받은 것으
로 볼 수 있을 것이다. ['네 가지 수행이 최상의 방편'이라는 다음 주제 참조] 이 모든
가르침은 대승의 원리에 기반을 두지만, 금강승에서 빌려온 방편들이
저류를 형성하고 있다. 즉 이해 자체는 대승적이지만 방편은 탄트라적
이다.

2　중요한 대승 경전인 《웃타라탄트라》는 보디사트바 마이트레이야로부터 위대한 스승 아상가를 거쳐 전해
　진 불성에 관한 경전으로 마이트레이야 오론 중 한 권이다.

3　《금강경》은 300구 정도되는 경전으로, 산스크리트어로는 《바즈라체디카 프라즈나파라미타 수트라
　(Vajrachedika Prajnaparamita Sutra)》, 즉 "다이아몬드처럼 베어내는 지혜의 완성"이라고 알려져 있다.
　이 경은 지혜의 완성(공에 대한 대승의 가르침)에 대해 다룬 경전들 가운데 가장 짧고 가장 잘 알려진 경
　전이다.

15. 네 가지 수행이 최상의 방편

이 주제는 사실 다소 어렵지만 중요한 의미를 지닌다. 그것은 일상의 삶에 대처하는데 도움을 주는 특수 활동들, 즉 '최상의 방편'인 활동들에 대해 다룬다. 이 최상의 방편들은 '덕을 쌓기', '악한 행위를 내려놓기', '돈에게 공양하기', '다르마팔라(dharmapalas)에게 공양하기'라는 네 가지 범주로 구성된다.

덕을 쌓기

첫 번째 수행은 덕을 쌓는 것이다. 여기서 쌓는다는 말은 자의식을 부풀리기 위해 무언가를 축적하는 것이 아니라 신성하거나 성스러운 것과 관계 맺으려 노력하는 것을 뜻한다. 우리는 거룩한 실재의 영역과 연관을 맺는다. 즉 가르침과 법을 가까이하고, 예술 작품·이미지·조각·회화·책·온갖 종류의 상징 등의 형태로 표현된 근본적 온전성과 연관을 맺고, 우리 자신을 그런 것들에 노출시킨다. 덕을 형성한다는 것은 그런 상황들과 관계 맺으며 가능한 한 최대의 에너지와 노력을 쏟아 붇는다는 의미이다. 그리고 이때는 존경심을 갖는 것이 아주 중요하다.

덕의 축적은 세 가지 유형의 격려 문구를 전적으로 신뢰하는 것에 기반을 두고 있는데, 이 세 가지 문구는 주제가 아니라 주제를 실천하도록 격려해 주는 자극제이다. 그 문구들은 다음과 같다.

내가 아픈 것이 더 낫다면 그렇게 되도록 축복을 내려주시길.

내가 살아남는 것이 더 낫다면 그렇게 되도록 축복을 내려주시길.

내가 죽는 것이 더 낫다면 그렇게 되도록 축복을 내려주시길.

이것이 덕의 형성과 연관된 궁극적 사고방식이다. 우리는 삶의 전 영역을 단절 없는 덕의 흐름으로 완벽히 채울 수 없다. 우리는 구걸하기 전에 먼저 그릇을 비워내야 한다. 그렇지 않으면 그 누구도 우리에게 무언가를 주지 않을 것이다. 그리고 무언가를 받으려면 개방성의 느낌, 베푸는 느낌, 내맡기는 느낌부터 지녀야 한다. 그것은 자신을 염려하는 것이 아니라 그저 순리대로 일어나게 내버려두는 것이다. 당신은 무슨 일이 일어나든 그것에 감사할 줄 알아야 한다. 그렇지만 대상 없이 혼잣말을 하는 것은 아니다. 그것은 "비야 내려라.", "땅아 흔들려라."라고 말하는 것과 같다. 그것은 마술적인 화법이다. 당신이 그런 태도를 취할 때 무언가가 실제로 일어날 수도 있다. 하지만 특정한 누군가를 대상으로 말하는 것은 아니다. 그러한 태도를 말로 어떻게 표현해야할지 모르겠지만, "축복을 내려주시길.", "순리대로 이루어지길." 같은 표현일 듯싶다.

덕을 쌓는 전통적인 방식은 조각상과 탑을 만들고, 승단이나 그와 비슷한 집단에 공양을 하며 후원하는 것이다. 하지만 우리는 그저 녹색 에너지만 비워내는 것이 아니다. 우리는 우리의 자의식적 집착도 완전히 비워내려 노력한다. 예컨대, 아픔을 겪는 것이 더 낫다면 우리는 그렇게 되도록 내버려둔다. 그리고 "그것이 우리의 축복이 되도록 해주시기를." 이라고 염원한다.

당신은 이 접근법이 될 대로 되라는 식의 태도를 취하는 매우 나약한 사람의 자세라고 생각할지 모른다. 하지만 이 접근법은 상황 속으로 뛰어들어 우리 자신을 완전히 열어젖히도록 해주는 지극히 지적인 방식으로 취해져야 한다. 이것은 아주 중요하다. 우리는 맹목적인 믿음을 가져서는 안 되고, 움켜쥠을 내려놓도록 해주는 지적인 신념을 지녀야 한다. 움켜쥠은 일종의 거래 분위기를 조성한다. "내가 이걸 얻지 못하면 붓다와 법과 승단을 고소하겠소. 내가 낸 돈보다 나은 보상을 받지 못한다면 난 사기당한 거요." 하지만 여기서 중요한 것은 물물교환이 아니라 순리대로 일어나도록 내버려 두는 것이다. "무슨 일이 일어나든 나는 이 움켜쥠을 내려놓고 싶습니다." 그것은 아주 간단하고 지극히 단순하며 현실적이다. 이것이 덕을 쌓는다는 말이 의미하는 바로 그것이다.

이미 자신에게 진리와 덕이 충분히 쌓여 있고, 지금은 그저 조금 더 쌓는 것뿐이라고 생각하면서 오만과 자만에 빠진다면 당신은 덕을 쌓을 수 없다. 덕을 쌓는 사람이라면 마땅히 겸손해야 하고, 끌어 모으려 하기보다는 기꺼이 베풀려고 해야 한다. 어떤 의미에서는 더 많이 베풀려고 할수록 덕을 쌓는 일도 그만큼 더 효율적으로 된다. 세 가지 보조 주제들이 있는 것도 이 때문이다. 그 격려 문구들은 사실 주문이라고 부르는 편이 더 나을지 모른다. 주제들 그 자체는 특정 태도를 환기시키기 위한 수단이므로 이 주문들도 또한 그와 같은 환기 수단인 셈이다.

우리는 덕에 대해 말하면서 자아를 위해 무언가를 끌어 모으는 행위가 아니라 반대로 자아를 벌주는 법을 다루고 있다. 여기서 기본이 되는 논리는, 우리는 언제나 쾌락을 원하는데 실제로는 항상 고통을 얻는다는 것이다. 왜 이런 일이 벌어질까? 그것은 쾌락을 추구하는 행위 자체가 고통을 불러오기 때문이다. 당신은 지금까지 항상 불리한 거래를 해왔다. 그리고 당신이 불리한 거래를 하게 된 이유는 애초에 시작을 잘못했기 때문이다.

이 수행, 또는 방편의 요점은 순전히 쾌락만 바라기 보단 무언가를 희생할 줄 알아야 한다는 것이다. 당신은 처음부터 시작을 올바로 해야 한다. 그리고 그렇게 하기 위해서는 악한 행동을 자제하고 덕스런 행동을 계발해야 한다. 그리고 그렇게 하기 위해서는 수행으로부터 무언가 얻기를 기대하지 않고, 좋지 못한 결과에도 특별히 두려워하지 않도록 기대와 불안을 완전히 차단해야 한다.

무슨 일이 일어나든, 일어나게 내버려두어야 한다. 당신은 특별히 쾌락을 추구하거나, 고통을 추구해서도 안 된다. 이 특정 수행을 뒷받침해주는 기원문을 기억해라. "내가 죽는 것이 더 낫다면 그렇게 되도록 해주시길. 내가 살아남는 것이 더 낫다면 그렇게 되도록 해주시길. 내가 기쁨을 누리는 것이 더 낫다면 그렇게 되도록 해주시길. 내가 고통을 겪는 것이 더 낫다면 그렇게 되도록 해주시길." 이것은 한 겨울에 얼음물로 뛰어드는 것처럼 매우 직접적인 접근법이다. 그런 행동이 자신을 위한 최선이라면 주저 없이 실천해야 한다. 그것은 실재와 직접적으로, 아주 단순히, 모든 인위를 배제한 채 접촉하는 행위이다. 특히 욕망이나 불안을 느낄 때면 당신은 기존 방식과 정반대로 행동해야 한다. 즉 당신은 욕망을 따라가지 말고 불안 속으로 뛰어들어야 한다. 이것은 다른 사람들의 고통을 떠맡고 자신의 기쁨을 내어주는 것과 접근법이 같다. 이처럼 경험을 이상한 방식으로 다룬다 해도 더 이상 놀라서는 안 된다. 그것은 대체로 좋은 효과를 보여준다. 아마 이 방편이 200% 효과를 낼지는 모르겠지만, 100%의 효과를 낸다고 말해도 될 것이다.

악한 행위 내려놓기

네 가지 수행 가운데 두 번째 것은 악한 행위, 또는 신경증적 범죄 행위를 내려놓는 것이다. 덕을 쌓고 기대와 불안 모두를 제거하는 법을 배움으로써 당신은 온화함과 온전성의 느낌을 갖는다. 이제 당신은 악한 행위를 내려놓는 심리적 수행을 해야 한다. 먼저 과거를 회상하며 이렇게 말한다. "맙소사! 내가 이토록 멍청했다니! 왜 진작 깨닫지 못했을까!" 그리고 난 후 자기가 얼마나 너저분하고 산만한 인간이었는지 깨닫기 시작한다. 일종의 어리석음이 눈을 가려 진작 알아보지 못한 것뿐이다. 이런 태도를 취하는 이유는 당신이 이미 일정 수준의 안목을 지니게 되었기 때문이다. 이 가르침의 요점은 과거의 잘못된 자신의 행실을 직시한 뒤 다시는 같은 실수를 다시 반복하지 말라는 것이다. 내가 보기에 이 가르침은 아주 단도직입적이다.

우리는 딕파(dikpa)라는 티베트 단어를 '죄'로 번역하지 않고 '악한 행위'나 '신경증적 범죄 행위'로 풀이했다.[4] '죄'라는 단어는 온갖 종류의 함의를 지니기 때문이다. 특히 이 개념은 기독교 세계와 유신론 전통을

---

4 '딕파'는 '악행', 또는 수행자를 깨달음에서 멀어지게 하는 행위를 의미한다. 딕파는 종종 드리파(dripa), 즉 '흐려짐'과 함께 작용한다. 드리파는 충돌하는 감정들과 실재에 대한 상식적 믿음이라는 두 부류의 덮개들로 나뉜다.

지닌 지역에 만연해 있다. 딕파는 문자 그대로 '죄'를 의미하긴 하지만 기독교나 유대교 전통에서와 같은 의미로 사용되지는 않는다. '신경증적 범죄 행위'란 말은 단순히 윤리적인 차원에만 국한되지 않고 심리학적 함의를 지니기도 하는 표현이다. 신경증 성향이 끓어오르기 시작할 때, 당신은 그 과정에 휩쓸려 우스꽝스런 짓을 해대기 시작한다. 그것은 외관상 환상적이고 독창적으로 보일지 모르지만 실제로는 경박한 결과만 낳는 행동이다. 이처럼 신경증은 문제의 중추이고 경박성은 그 외관이다.

이 신경증적 범죄 행위는 그 자체로 온갖 종류의 범죄와 파괴행위를 초래할 수 있다. 지금 우리가 다루는 것은 모든 종류의 경박성을 일으키는 신경증의 근본 원리 그 자체이다. 우리는 그것을 고백하는 중이다. 그렇지만 작은 방에 들어가 신부님에게 "신부님 어제 끔찍한 일을 저질렀습니다. 어떻게 해야 할까요?"라고 말하는 식으로 고백한다는 뜻은 아니다. 아마 이렇게 물으면 신부님은 "이 말을 20번 반복하면 용서해 드리겠습니다."라고 답할 것이다. 그러면 당신은 같은 짓을 또 저지른 뒤 다음 번에 와서 다시 고백할 것이고, 그러면 신부님은 "그러시면 안 됩니다. 이번엔 그 말을 50번 반복하세요. 아버지께서 보고 계십니다."라고 말할 것이다. 여기서는 모든 일이 금지에 기반을 두고 있다. 하지만 지금 우리가 다루는 고백은 좀 더 개인적인 것이다. 불교식으로 고백할 때는 이러한 행위를 털어놓기 위해 교회와 같은 특정 장소로 가서 할 필요가 없다. 불교식 고백은 네 단계로 이루어지는데, 그것은 사실 고백이라기보다는 죄나 신경증적 범죄 행위를 해소시키는 방법에 가깝다.

고백의 첫 번째 단계는 자기 자신의 신경증에 싫증을 내는 것이다. 이것은 무엇보다도 중요하다. 같은 행동을 계속해서 반복하면서 그것을 즐긴다면, 어떤 변화를 일으킬 기회는 결코 주어지지 않을 것이다. 하지만 일단 당신이 그것에 싫증을 내기 시작하거나 못난 짓을 저질렀을 때, 특히 숙취에 쩔어 아침에 일어났을 때 당신은 이렇게 말할 수 있을 것이다. "그 일을 하지 말았어야 하는데.", "또 시작이군.", "정말 후회되네.", "기분이 좋지 않아." 이것은 당신이 자신이 신경증적 범죄 행위를 실제로 고백할 수 있다는 아주 좋은 신호이다. 당신은 기억을 뒤적여 지난밤이나 어제, 또는 오래 전에 한 일들을 털어놓을 수 있는데, 이렇게 하는 것은 아주 당황스럽고 끔찍할 것이다. 아마 침대 밖으로 나가기도 싫고, 밖에 나가 세상과 마주하고 싶지도 않을 것이다.

이 엄청난 당혹감, 완전히 형편없어진 듯한, 자존심이 완전히 뭉개진 듯 한 이 기분을 느끼는 것이 고백의 첫 번째 단계이다. 이런 후회는 주변 시선을 의식해서 하는 후회가 아니라 개인적인 차원의 후회이다. 이 수치스런 느낌은 척추를 타고 올라와 뼈로 퍼진 뒤 머리털 끝까지 뻗어 나아간다. 창문으로 들어오는 햇살조차 우리를 비웃는 듯 한 그러한 느낌이다. 그것이 첫 번째 단계이다. 하지만 당신은 이 경험을 두 번째 단계로 나아도록 해주는 아주 건강한 신호로 받아들여야 한다.

두 번째 단계는 그 행동을 자제하거나, 뉘우치는 것이다. "지금 이 순간부터 나는 그 일을 하지 않을 것이다. 나는 지금까지 해오던 그 일을 멀리할 것이다." 뉘우침은 보통 자신이 그토록 못난 짓을 해왔다는 사실을 자각하기 시작하는 순간 내면으로부터 일어난다. "여전히 그 일을 하고 싶은가? 재미있을지는 모르지만 그래도 하지 않는 편이 낫겠어." 그 일에 대해 생각하면 할수록 그 일을 반복하는 것이 어리석게 느껴질 것이다. 그래서 당신은 그 행위를 멀리하게 되고 다시 반복하지 않도록 조심하게 된다. 이것이 고백, 즉 악행과 신경증적 범죄 행위를 해소하는 과정의 두 번째 단계이다.

세 번째 단계는 피난처를 구하는 것이다. 이미 두 단계를 거쳤다면 악행이란 것이 한 사람의 용서에 좌우되는 것이 아님을 깨달았을 것이다. 이것은 외관상 기독교 전통과 달라 보인다. "당신을 용서합니다."라고 말하는 것만으로 상대방의 신경증을 해소해줄 수 있는 사람은 아무도 없다. 분명 당신이 용서해 준 그 사람은 '당신'을 다시 공격하지는 않겠지만 다른 누군가를 죽일 수는 있다. 이런 관점에서 보면, 범죄 성향 전체가 뿌리 뽑히지 않는 한 용서는 별 도움이 안 된다는 사실을 알 수 있을 것이다. 외관뿐인 용서는 도움을 주지 못할 뿐 아니라 더 많은 죄를 짓도록 부추길 수조차 있다. 불교에서는 이미 누군가로부터 죄를 용서받았고, 그와 좋은 관계를 형성했다는 사실 자체가 더 많은 죄를 짓도록 자극할 수 있다고 가르친다. 그러므로 진정한 의미의 용서는 신경증적 범죄를 저지른 사람이 자기 자신을 완전히 항복시킬 때라야 가능하다. 범죄 행위 자체를 용서하기보다 그 범죄자가 자신을 완전히 항복시키도록 해야 하는 것이다.

따라서 그 행위 자체보다는 범죄 행위를 일으키는 근본 요인이 훨씬 더 중요하다. 우리는 감옥에 들어오는 사람들의 마음을 변화시키고 더 많은 교육 기회를 제공하여 그들이 다시 범죄를 저지르지 않도록 해야 한다는 점을 깨닫기 시작했다. 죄수들은 종종 그저 무료 음식과 숙박을 제공받으며 지내다가 형기가 끝나면 다시 좋은 시간을 보낸다. 형기를 마쳤고, 용서 받았으며, 따라서 문제될 것이 아무것도 없기 때문이다. 만일 다시 음식과 돈과 주거를 마련할 수 없게 된다면, 그들은 다시 돌아올 것이다. 이처럼 범죄자를 교도하는 일은 아주 어렵다. 역사적으로 불교도들은 감옥을 결코 짓지 않았고, 아쇼카 왕(Emperor Ashoka) 조차도 그 제도에 반대했다. 그는 감옥을 비난한 첫 번째 왕이었다.

피난처를 구한다는 것은 완전히 항복하는 것을 뜻한다. 그리고 완전한 항복의 개념은 죄를 용서받으려 하기 보다는 자기 안의 죄인을 완전히 굴복시켜야 한다는 사고방식에 기반을 둔다. 그것이 붓다를 본보기로 삼고, 법을 길로 삼고, 승단을 길동무로 삼아 피난처를 구한다는 말의 의미이다. 자기 자신을 포기하며 자신의 성채를 내어 주는 것이다.

고백의 네 번째 단계는 그 항복의 과정을 더욱 공고히 하는 것이다. 이 시점에 이르면 수행자는 자기 자신을 전적으로 항복시키고, 내어 주고, 열어젖히게 된다. 이제 그는 기대와 불안을 제거해달라고 기원해야 한다. 이것은 아주 중요하다. "제 기대가 지나치다면 지나친 기대를 품지 않도록 해주시길. 제 불안이 지나치다면 지나친 불안에 빠지지 않도록 해주시길." 이런 식으로 기원하며 기대와 불안 모두를 넘어서다 보면 당신은 어떤 일이든 감당해 낼 수 있다는 자신감을 얻기 시작한다. 이 자신감은 자신의 악행을 해소시키는 활동의 결과로 주어지는 활력이다.

이처럼 고백의 첫 번째 단계는 자신이 해온 일에 혐오감을 느끼는 것이고, 두 번째 단계는 그 행위를 멀리하는 것이다. 그리고 세 번째 단계는 이와 같은 이해를 지닌 채로 불·법·승이라는 피난처에 의지하며 자신의 신경증을 내바치기 시작하는 것이다. 일단 피난처에 의지하거나 신경증을 내바쳤다면, 당신은 자신을 대단한 인물로 생각하기 보다는 그저 길을 걷는 여행자로 여기며 법에 전념하기 시작해야 한다. 이 모든 과정들은 다소간 서로 연관되어있다. 그리고 결국에는 기대도, 불안도 없는 상태로 이끌어준다. "기대가 있다면 그 기대가 가라앉기를. 불안이 있다면 그 불안도 가라앉기를." 이것이 네 번째 단계다.

돈에게 공양하기

전통적으로는 세 번째 수행을 '혼령들 먹이주기'라고 부른다. 여기서 말하는 혼령은 병과 불행 같은 것을 일으키는 존재로 티베트에서는 이들을 돈(dons)이라 부른다. 이 가르침의 요지는 그들에게 이렇게 말하라는 것이다. "전에 네가 저지른 해악들 아주 고맙게 생각한다. 언제든 다시 와서 내게 같은 일을 해주기 바란다. 둔감성과 나태에서 나를 깨워준 점 정말 고맙게 생각한다. 적어도 감기에 걸렸을 때만큼은 게으르고, 어리석고, 쾌락에 빠져 뒹굴던 평소 내 모습에서 벗어날 수 있었다." 이처럼 당신은 될 수 있는 한 많이 자신을 흔들어 깨워달라고 그들에게 부탁해야 한다. 어려운 상황이 닥칠 때면 언제든 고마운 느낌을 품기 시작해야 한다. 이 시점에서는 자신을 깨워줄 수 있는 모든 것을 최상의 것으로 간주해야 하고, 항상 문제를 회피하려고만 하기 보다는 알아차림이나 자각의 기회를 제공해 주거나, 아니면 적어도 충격을 가해주는 모든 것을 좋은 것으로 여겨야 한다.

전통적으로 사람들은 혼령들에게 토르마(torma), 즉 음식을 제공해 왔다. 토르마는 티베트어로 '공양용 떡'이라는 의미이다. 당신이 티베트 종교 의례를 본 적이 있다면 버터와 밀가루로 조각한 작고 우스운 떡을 보았을 것이다. 그것이 토르마다. 토르마는 선물이란 관념을 상징적으로 나타내 주는 음식으로 그림과 장식 등을 동원해 예술적으로 꾸민 서양식 생일 케이크와 비슷하다. 그런데 우리는 그것을 우리에게 해를 끼치는 존재들에게, 문자 그대로 표현하자면, 우리에게 악한 영향력을 행사하는 존재들에게 제공한다.

앞에서 말한 죄의 고백은 계속해서 반복되는 자신의 신경증에 지치는 것과 연관된다. 이 신경증은 특별히 큰 문제는 아니고, 그저 자연히 일어났다 사라지는 작은 공격일 뿐이다. 하지만 돈의 공격은 당신을 긴장하게 만드는 큰 공격, 즉 갑작스런 지진 같은 공격이다. 갑작스럽게 문제가 터져 온갖 일들이 당신을 향해 들이닥치기 시작한다. 무언가 주목할만한 일이 벌어지는 것이다. 첫 번째 수행은 가파른 경사가 아닌 낙타의 혹을 다루는 것이다. 그것은 그저 일상에서 겪는 부침, 고통 등과 관계하는 것일 뿐이다. 두 번째 수행은 자신의 특정한 문제들에 질리는 것에 대해 다룬다. 당신은 자신의 신경증이 끊임없이 계속 된다는 느낌을 받는다. 그것은 편두통을 앓는 것처럼 계속해서 일어난다. 당신은 그것에 질려버렸다. 당신은 같은 일을 하고, 또 하는데 지쳤다. 그리고 세 번째 수행은 우리를 해치는 존재인 돈들에게 토르마를 제공하는 것이다.

돈들은 아주 직접적으로, 급작스럽게 찾아온다. 모든 일이 순조롭게 진행되고 있는데 갑자기 공격이 들이닥친다. 당신 할머니가 상속권을 박탈할 수도 있고, 행운이 불운으로 뒤바뀔 수도 있다. 돈들은 이처럼 아주 급작스럽게 공격을 가해온다. 그들은 당신을 즉석에서 사로잡는다. 사실 '사로잡힘'이란 말은 돈의 특성을 가장 가깝게 표현해주는 것이다. 사로잡힘을 돈들의 특성으로 보는 이유는 그들이 당사자를 놀라게 하며 불시에 들이닥치기 때문이다. 비록 모든 일이 잘 되고 있다 하더라도 당신은 갑자기 지독하게 불쾌한 기분에 빠질 수 있다.

　　이 주제는 사실 아주 복잡한 것이다. 우리는 단순히 우리에게 달라붙는 누군가가 있다면, "저 녀석들에게 먹을 것 좀 줘서 쫓아버리자."는 것에 대해 말하는 것이 아니다. 이 주제는 티베트의 돈 개념과 전체적으로 연관된 것이다. 이 개념은 폰(Pon) 전통[5]에서 유래한 것이지만 불교 전통에도 흡수될 수 있는 개념이다. '돈'이란 단어에는 우리 주변에 존재하며 우리를 지나치게 불안하게 하거나, 화나게 하거나, 음탕하게 만들거나, 상스럽게 만드는 무언가가 존재한다는 느낌, 또는 경험이 담겨 있다. 이런 상황들은 일생 전반에 걸쳐 일어난다. 우리를 사로잡는 감기, 또는 열 같은 것들은 언제나 있기 마련이다. 우리는 아무 이유도 없이 갑자기 불안감에 빠지고, 아무 이유도 없이 화에 휩쓸린다. 아무 이유도 없이 정욕을 일으키고, 아무 이유도 없이 자만심에 부풀어 오른다. 그것은 일종의 신경증적 발작인데, 이것이 다름 아닌 돈이다. 표면적인 관점에서 이 문제에 접근하면 특정한 현상들이 우리를 그렇게 만든다는 점이 밝혀질 것이다. 하지만 이 논리를 더 확장하여 우리 주변에 그런 혼령들이 존재

5　폰은 불교가 전파되기 이전에 존재했던 티베트의 토착 종교이다.

한다고 말할 수도 있는데, "워싱턴의 유령이 나를 사로잡았어. 나보고 대통령에 출마하라는군."라고 하는 식으로 바꿔볼 수도 있다.

계속해서 솟아오르는 숨겨진 신경증의 느낌, 그것이 돈이다. 그런 일은 끊임없이 일어난다. 당신은 아무 이유도 없이 갑자기 울음을 터뜨린다. 울고 또 울다가 완전히 무너져 내린다. 그리고 어떤 때에는 전 세계를 파괴하고 모든 사람을 걷어차 버리고 싶어진다. 가정도 파괴하고 싶어진다. 아내와 아이들이 있다면 그들을 두들겨 줄지도 모른다. 우리는 극단으로 치닫는다. 하지만 가끔씩 돈들은 우리의 행동에 끝까지 동참하지 않는다. 공중을 가르며 아내의 눈을 향해 주먹을 뻗다가 갑자기 그런 행동을 부추기는 동력이 사라졌음을 깨닫고는 주먹을 떨어뜨리는 것처럼 우리는 처음 휩쓸린 감정대로 밀고 나가지만, 돈은 그 행위에 대한 책임을 지기 싫어하고, 그래서 도중에 물러난다.

돈들은 우리를 덮치는 일종의 감기 같고, 보통 행동을 종잡을 수 없다. 그들은 강도를 달리하며 쉬지 않고 우리를 습격해온다. 이 가르침의 의미는 그런 일들이 우리 내면에서 일어난다는 사실, 그 신경증적 과정이 내면에서 솟아오른다는 사실을 이해하고 깨달으라는 것이다. 우리는 그 현상에 대해 감사하고 그런 일이 발생하는 것을 멋진 일이라고 말할 수 있다. "내가 너에게 진 빚을 낚아채 가다니 정말 훌륭하다. 부디 다시 와서 같은 일을 계속 해주기 바란다. 언제든 다시 와서 그렇게 해 달라." 우리는 지금 꾀를 내어 그들의 비위를 맞추려는 것이 아니다. 줄만큼 주면 가버릴 것이란 식으로 생각해서는 안 된다. 그들은 다시 온다.

그것은 상당히 위험하지만 우리는 돈들을, 그 갑작스런 신경증적 발작들을 다시 초대해야 한다. 아내는 계속해서 눈에 멍이 드는 것을 두려워 할 것이고, 남편은 집에서 쫓겨나 맛있는 저녁을 얻어먹지 못할까봐 두려워 할 것이다. 하지만 그럼에도 그들을 계속 다시 초대하면서 그런 일이 일어날 가능성을 자각하는 것은 아주 중요하다. 우리는 그들을 제거하려는 것이 아니다. 우리는 그런 현상을 제대로 이해하고, 일어난 일에 감사하려는 것이다. 보통 그런 돌발 상황들은 감기에 걸릴 때 그러는 것처럼 일종의 신체적 쇠약과 동시에 발생한다.

우리는 가끔씩 신중치 못할 때가 있다. 음식을 제대로 먹지 않거나 외투를 걸치지도 않은 채 밖에 나갔다가 감기에 걸리곤 한다. 또는 발밑을 제대로 보지 않고 걷다가 미끄러져 골절상을 당하기도 한다. 이처럼 약간의 틈만 보이면 돈들은 감기가 침입하는 것과 같은 방식으로 우리 정신 속으로 미끄러져 들어온다. 모든 일은 항상 이런 식으로 일어난다. 당신은 상황을 완벽히 통제하고 있다고 생각할지 모르나, 다른 한편에서는 문제들도 상황을 완벽히 통제하고 있고, 이는 알아차림 상태에 빈틈을 만들어낸다. 그래서 수많은 돈들이 당신을 공격해오는 것이다.

이 가르침의 의미는 24시간 동안 알아차림 상태를 완벽히 유지하면, 돈의 침입도 감기의 습격도 받지 않는다는 것이다. 하지만 그 수준에 머물지 못하면 당신은 온갖 종류의 사건들과 마주하게 된다. 당신은 이 사실을 직시해야 한다. 알아차림의 수준에 머물면 그런 문제들로부터 절대적으로 자유로울 수 있다고 말할 수도 있을 것이다. 이것은 알아차림을 유지하라는 광고다.

알아차림을 상실했을 때 그와 같은 공격이 일어나면 당신은 그것을 환영할 줄 알아야 한다. 그것은 경고신호다. 당신은 그들이 자신의 둔한 정신상태를 지적해준 데 대해 감사해야 한다. 돈들은 항상 환영받아서 "가지 마, 제발 돌아와." 하지만 동시에 당신은 알아차림 상태를 계속해서 유지하도록 노력해야 한다. 이것은 선생님하고 관계 맺는 것과 똑같다. 당신은 선생님 눈을 피하려고 시종일관 애쓰지 않는다. 당신이 잘 하고 있다면 선생님이 행동에 대한 기준점 역할을 해줄 것이다. 하지만 동시에 선생님은 당신에게 "너!" 하고 소리칠지도 모른다. 그래도 당신은 그 꾸짖음에 대처해야 한다. 당신이 그런 반응을 환영하는 이유는 당신이 가고자 하는 방향과 관련해 무언가 의미 있는 지침이 되어 주기 때문이다.

그리고 일어나는 일은 보통 다음과 같다. 우리는 계획대로 모든 일을 순조롭고 더할 나위 없이 만족스럽게 진행시킨다. 그런데 어느 날 갑자기 초조감에 휩쓸리거나 침체상태에 빠진다. 모든 일이 부드럽게 잘 돌아가고 있음에도 그와 같은 감정상의 기복이 발생하여 삶에 작은 구멍을 뚫어놓는 것이다. 이 같은 작은 누출, 작은 동요는 항상 발생한다. 이 가르침의 의미는 그런 세력들에게 토르마를 먹이라는 것이다.

하지만 이 가르침을 문자 그대로 따르다가는 반복되는 같은 문제로부터 벗어나지 못할 것이다. 우리는 토르마를 공양한다는 개념을 다소 상징적으로 받아들여야 한다. 나는 그들에게 작은 티베트식 떡을 주는 것만으로 우리 삶의 기복을 제거할 수 있다고는 생각하지 않는다. 그러한 생각은 억지주장에 불과하다. 그것은 사실이다. 이와 같은 말을 하는 나를 용서하기 바란다. 이 방편은 그 이상의 무언가를 필요로 한다. 만일 우리가 우리 존재를 대변하는 무언가를 진심으로 내어 주는 느낌을 지닐 수 있다면, 그리고 개방성과 내맡김의 한 표현으로 공양을 할 수 있다면, 그것은 효과를 낼 것이다. 하지만 그것은 한층 높은 차원의 태도이다. 요즘 사람들은 특히 그런 종류의 의례에 익숙하지 못하고, 그래서인지 그와 같은 행위에 거의 존경심을 갖지 않는다. 의례는 성스러운 의식이 아닌 미신이 되어버렸다. 이런 상황은 문제 거리를 일으켜왔다. 진정한 의미의 의례를 경험해본 사람이 거의 없고, 그 의례가 의미를 갖도록 할 수 있는 사람도 거의 없다. 우리는 그저 누군가가 물을 뿌리면서 기분을 낫게 해주길 바라기 보다는 진정으로 우리 자신을 헌신해야 한다. 하지만 우리는 의례의 깊이를 충분히 경험해보지 못했기 때문에 진정으로 떡을 공양할 수 없고, 따라서 돈들이 공격을 거두도록 할 수도 없다. 이런 일을 수행하려면 크나큰 온전성의 느낌을 지녀야할 뿐 아니라 자신의 존재 상태를 더욱 적절히 가다듬을 필요가 있다. 따라서 남은 음식을 싸서 공양한답시고 문밖에 내놓거나 하지는 말기 바란다. 그것은 동네 개와 고양이들만 좋아할 것이다.

다르마팔라에게 공양하기

네 번째 수행은 다르마팔라, 즉 '가르침의 수호자'들에게 도와달라고 부탁하는 것이다. 이 수행은 자신의 수호성인에게 기도하며 안전하게 강을 건너도록 해달라고 기원하는 것과 완전히 같지는 않다. 이 가르침에 내포된 아주 평범하고 기본적인 의미는 다음과 같다. 당신은 당신을 축복하고 인도해주며 훌륭한 학생이 될 수 있도록 이끌어주는 선생님인 뿌리 스승과 관계를 맺는다. 하지만 한 단계 낮은 수준에서는 옆길로 빠질 경우 다시 제자리로 밀어 넣어주는 가르침의 수호자들과 관계를 맺는다. 그들은 양치기 개하고 비슷하다. 양 한 마리가 도망치기로 작정하면 양치기 개가 달려가 다시 우리 속으로 몰아넣는다. 마찬가지로 당신은 자신이 길에서 벗어났을 때 수호자들이 다시 돌아오는 법을 가르쳐줄 것이란 점을 안다. 그들은 당신에게 온갖 종류의 메시지를 보내줄 것이다. 예를 들어, 만약 당신이 엄청난 분노와 공격성에 휩쓸려 있다면 당신은 법의 길을 박차고 나가 홧김에 문을 쾅 닫다가 손가락을 낄 것이다. 그 경험은 당신에게 무언가 가르쳐준다. 그것이 바로 당신을 본래 있어야 할 곳으로 되돌려 놓아 주는 힘이다. 만일 당신이 법의 세계 밖으로 나가고 싶다는 유혹을 조금이라도 느낀다면 수호자들이 당신을 몰아서 법의 세계 속으로 내팽개쳐 줄 것이다. 이것이 다르마팔라, 즉 수호자들에게 도와달라고 부탁하라는 말의 의미이다.

다르마팔라들은 우리의 기본적인 자각을 상징한다. 이 자각은 명상에 깊이 몰두한 상태의 자각이 아니라 명상 후 경험하는 상황 동안 발생하며 우리를 돌봐주는 자각이다. 하루가 저문 저녁 먹기 전이나 잠자기 전에, 그리고 아침에 일어날 때 기원문을 염송하는 전통도 이와 같은 이해에 기반을 둔 것이다. 이 의식에는 수행이 우리의 삶을 아침부터 저녁까지 완전히 제어하고 안정시켜준다는 의미가 담겨 있다. 이처럼 우리가 끊임없이 배워나간다면 우리의 삶은 신성해질 것이다.

날이 저물 때가 되면 성스럽고 명상적인 활동에서 벗어나게 될 가능성이 아주 많다. 그 무렵에는 온갖 종류의 신경증들이 우리를 덮치기 쉽다. 그러므로 그때가 가장 위험한 시간이다. 어둠은 다소간 악과 연관되어 있다. 여기서 말하는 악은 기독교의 사탄을 뜻하는 것이라기보다는 우리를 빠뜨려 깨달음을 방해하는 일종의 숨겨진 신경증을 의미하는 것이다. 게다가 이 무렵에는 우리의 명상 수행이 느슨해질 수 있다. 그러므로 앉아서 하는 명상에서 완전히 이탈하지 않고 수행을 계속할 수 있도록 하기 위해 우리는 법의 수호자들에게 함께 해달라고 부탁한다. 사실 그들은 우리 자신의 일부이다. 그들은 끊임없이 일어나는 우리의 지성의 한 구현체이다. 그리고 그들이 하는 일은 우리 내면에서 발생하는 온갖 종류의 폭력성과 혼돈을 부수는 것이다.

보통 혼돈은 공격성과 매우 밀접하게 연관되어 있다. 그것은 아다르마(adharma), 즉 법에 반하는 힘이다. 다르마는 공격성의 느낌과 전혀 무관하다. 그것은 단순한 진리일 뿐이다. 하지만 이 진리는 온갖 종류의 개념적 사고에 의해 왜곡되고, 도전받고, 변형될 수 있다. 진리는 한 개인의 공격성 때문에 산산조각날 수 있다. 게다가 그 공격성은 더러운 공격성이 아니라 꿀과 우유가 스며든 아주 정중한 공격성인 것처럼 생각될 수도 있다. 우리는 그런 공격성을 자아도취라 부른다. 그것은 극복되어야 한다.

이 특정 수행에 따르면, 그런 공격성의 에너지를 다루는 것은 아주 중요하다. 티베트인들뿐 아니라 서구의 사람들도 이 공격성에 대처하기 위해 수많은 종류의 기원문을 마련해 왔다. 티베트에서는 다양한 마하칼라(mahakalas)들의 사다나(sadhanas, 완성에 이르도록 해주는 수단-옮긴이)를 방대하게 축적해 왔는데, 이 마하칼라란 존재의 역할은 개방성, 간소함, 평화, 온화함의 느낌을 가로막는 잠재의식적 잡념의 폭력성을 뿌리 뽑는 것이다. 결국 이 수행의 요점은 온화함과 관계 맺으라는 것이다. 그리고 온화함이 효력을 발휘하도록 하기 위해서는 공격성을 함께 극복해내야 한다. 그렇지 않으면 온화함도 일어나지 못할 것이다. 전통적인 기원문들에 내포된 상징적 의미는 온화함에서 벗어난 사람들을 온화함이란 수단을 통해 매질하라는 것이다. 온화함을 무자비하게 퍼부으면 그것은 아주 강력한 효과를 내며 상대를 단방에 때려눕힐 수 있다. 그리고 이렇게 때려눕힘으로써 그것은 더 큰 온화함을 만들어낸다. 그건 마치 의사가 조금 따끔할 것이라고 말하며 주사를 놓는 것과 같다. 잠깐만 따끔하면 당신은 치료된다. 그건 이런 식이다.

우리가 불러들이는 다르마팔라, 또는 마하칼라들은 가르침을 전하는 방식, 그리고 청취자의 마음에 그 내용이 적절히 받아들여지도록 하는 법과 관련성을 지니기도 하다. 그것이 우리의 가장 큰 관심사, 아니 '나'의 가장 큰 관심사 중 하나이다. 만일 가르침이 적절히 제시되지 못하거나, 잘못된 방식으로 전달되거나, 아니면 다소 비겁한 방식으로 표현된다면, 그러니까 한마디로 진정한 가르침이 전해지지 않는다면, 우리 모두는 그것으로부터 상당한 타격을 받을 수 있다. 그러므로 우리는 수호자들에게 가르침을 통해, 파산을 통해, 조직 내의 문제를 통해, 백만 장자가 되는 것을 통해, 일상의 일을 통해 우리에게 피드백을 주고 도움을 달라고 요청해야 한다. 그들의 도움은 이 모든 것을 포함한다. 우리에게는 도움을 받을 수 있는 무수한 기회가 열려 있다. 그 기회는 물리적 기회라기보다는 심리적 기회이다. 이것이 지금 우리가 배우는 수행의

기본이다. 그리고 잠곤 콩툴의 주석서에서는 다르마팔라들에게 공양함
으로써 그런 태도를 취하라고 가르친다.

16. 순간의 일을 명상에 첨부하기

일상의 사건들을 수행 대상으로 변화시키도록 가르치는 주제들은
세 부류로 나눠볼 수 있다. 첫 번째는 상대적 보리심과 연관된 것으로서
"모든 비난을 자기 자신에게로 돌린다.", "모든 사람에게 감사한다."라
는 주제가 여기 해당된다. 두 번째는 절대적 보리심과 연관된 것으로서
"네 가지 카야의 관점에서 혼돈을 바라보면 공의 견고한 보호를 받는
다."라는 주제가 여기 포함된다. 그리고 세 번째는 길을 따르는 것과 연
관된 특별한 행위들에 대해 다룬다. 그 대표적인 주제로는 "네 가지 수
행이 최상의 방편이다."라는 주제가 있다. 마지막으로 이 세 범주를 마
무리 짓는 것이 있는데, 그것이 바로 "예기치 않게 일어나는 모든 일에
명상을 첨부시킨다."라는 주제이다. 그것은 마음 훈련의 세 번째 요점을
종결짓는 주제이다. 이 주제들은 앞서 말했다시피 일상의 경험을 깨달
음의 길로 바꾸는 것과 관계된다. 그것은 사실 아주 흥미로운 작업이다.

이 주제의 '첨부'라는 단어는 빵에 버터를 바르는 것 같은 느낌을 나
타낸다. 당신은 상황들에 명상, 즉 사마타와 위빠사나를 발라야 한다. 무
슨 일이 일어나든 그것을 갑작스런 위협이나 격려의 신호 따위로 여겨
서는 안 되는 것이다. 대신 당신은 그 일을 수행 대상으로 삼아 자비라

는 형태의 자각을 비춰 주어야 한다. 누군가가 당신 얼굴을 때려도 문제가 안 되고, 당신 콜라 병을 훔쳐가도 문제가 안 된다. 어떻게 보면 이런 태도가 다소 나약해보일지 모르지만 사실 그것은 매우 강력한 태도이기도 하다.

일반적으로 말해 서양 사람들은 이런 태도를 적절히 취하지 못한다. 아마 당신들에게는 이 가르침이 '사랑과 빛'을 강조하는 것처럼 들릴 것이다. "모든 일이 잘 될 거야. 우리는 하나, 모든 것은 공동 소유, 무엇이든 함께 할 수 있어. 자의식을 내세우지 말자."라고 말하는 히피식 윤리관도 있지만, 여기에는 그것 이상의 무언가가 있다. 그것은 '사랑과 빛' 같은 것이 아니다. 이 가르침의 의미는 개방적이고 깨어 있는 태도를 취하되, 자신의 영역을 분명히 파악하라는 것이다. 따라서 당신은 자신의 신경증을 다른 사람들에게 전가시키지 말고 당신 자신의 신경증과 직접 관계해야 한다.

'일어나는 모든 일'은 유쾌한 것일 수도 있고 불쾌한 것일 수도 있다. 하지만 어쨌든 그것은 항상 사람을 놀라게 한다. 당신은 모든 일을 제대로 처리해냈다고 생각할지 모른다. 작은 아파트를 마련해 뉴욕에 정착했고 친구들도 놀러온다. 사업도 괜찮게 돌아가고 모든 일이 순조롭다. 그런데 갑자기 돈이 바닥났다는 사실을 깨닫는다. 아니면 남자 친구나 여자 친구가 당신을 차버린다. 아니면 아파트 바닥이 내려앉고 있다! 이보다 단순한 상황이라도 사람을 아주 놀라게 할 수 있다. 당신은 평화롭게 고요히 앉아 수행하고 있다. 모든 일이 완벽하다. 그런데 누군가가 갑자기 당신을 "엿 먹어라!" 하고 모욕한다. 아니면 반대로 누군가가 "당신은 정말 대단한 사람입니다."라고 말할 수도 있다. 아니면 무너져 내리는 아파트 바닥을 수리하려고 하는데 갑자기 백만 달러를 상속받을 수도 있다. 놀라운 일은 이 두 가지 방식으로 일어난다.

'일어나는 모든 일'이란 이렇게 갑자기 닥치는 모든 사건들을 지칭한다. 이 주제는 예기치 않게 일어나는 모든 일, 맞닥뜨리는 모든 상황에 즉시 명상을 첨부시키라고 말한다. 당신을 흔들어 놓는 것이 무엇이든 간에 지체 없이 바로 길의 한 부분으로 편입시켜야 하는 것이다. 사마타와 위빠사나 수행을 하면 외관상 장애로 보이는 문제들을 즉석에서 자각의 섬광을 통해 유연하게 변형시킬 수 있다. 이 가르침의 요점은 불쾌하거나 유쾌한 상황들에 기계적으로 반응하지 말라는 것이다. 대신 당신은 보내기와 받아들이기라는 교환 행위, 즉 통렌 수행에 대해 다시 한 번 숙고해봐야 한다. 만일 당신이 백만 달러를 상속받는다면 "이것은 제 것이 아닙니다. 이 돈은 지각 있는 모든 존재들 것입니다."라고 말하며 그것을 내어주어야 하고, 백만 달러짜리 고소를 당했다면 "제 탓입니다. 하지만 제가 죄를 짊어지는 대가로 일어나는 긍정적 효과는 지각 있는 모든 존재들 것입니다."라고 말해야 한다.

물론 좋은 소식이나 나쁜 소식을 처음 듣는 순간에는 문제가 좀 있을 것이다. 그 순간 당신은 "아 아!"[트룽파가 놀라는 시늉을 한다.]하고 탄성을 지른다. 그 '아 아!'는 일종의 궁극적 보리심이라 할 수 있다. 하지만 그러고 난 뒤 당신은 상대적 보리심을 일깨워 그 모든 일들을 실용적으로 처리해야 한다. 즉 당신은 그 사건을 대상으로 보내기와 받아들이기를 수행해야 한다. 여기서 중요한 것은 받아들일 때는 최악의 것을 받아들이고 내어 줄 때는 최상의 것을 내어 주어야 한다는 점이다. 그 어떤 것도 자기 공으로 돌려서는 안 된다. 물론 비난당할 때는 예외지만······.

"사람들이 이 신발 전부를 내가 훔쳐갔대. 그래 내가 한 짓 맞아!"

당신이 이런 종류의 수행에 익숙해지기 시작하면, 그리고 그 정도 수준의 덕성과 품격을 갖추기 시작하면, 자신의 세계를 아주 편안하게 느끼며 긴장을 풀 수 있게 된다. 그것은 실제로 당신의 불안을 완전히 없애준다. 왜냐하면 가식적으로 외관을 꾸밀 필요가 전혀 없기 때문이다. 당신은 더 이상 방어할 필요가 없고, 다른 사람들을 공격할 필요도 없다는 일반적 느낌을 갖게 된다. 당신 내면은 지극히 조화로워지고, 이로부터 일종의 힘이 솟아난다. 당신이 하는 말이 다른 사람들의 공감을 자극하기 시작하는 것이다. 이 모든 과정은 아주 훌륭하게 작용한다. 순교 같은 것은 필요치 않다. 그것은 아주 아름답게 작용한다.

이것으로 비폭력 및 인내와 연관된 수행, 즉 일상의 모든 일을 깨달음의 길로 변형시키는 수행에 대한 설명을 마치고자 한다.

네 번째 지혜

삶 전체에서
수행이 활용됨을 보기

발휘[精進] 바라밀

일곱 가지 마음 훈련의 네 번째 요점은 발휘 바라밀과 연관된다. 기본적으로 말해 발휘란 게으름에서 자유로워지는 것을 뜻한다. 여기서 말하는 '게으름'이란 단어는 알아차림이 전반적으로 결여된 상태, 그리고 수행을 하면서 느끼는 기쁨이 결여된 상태를 지칭한다. 당신 마음이 법과 혼합되어 있다면, 당신이 이미 법의 사람이 되었다면, 가르침과의 연결이 이미 성취된 것이다. 따라서 당신은 게으름이란 문제를 다루는데 아무 문제도 겪지 않을 것이다. 하지만 당신이 그 연결을 성취하지 못했다면 문제가 좀 생길 수 있다.

우리는 자신이 하고 있는 일에 대해 기쁨과 감사의 느낌을 계발시킨다는 의미에 중점을 두고 발휘 바라밀을 다룰 것이다. 그것은 휴가 떠날 때 느끼는 기분과 비슷하다. 그날 당신은 설레는 마음을 안고 아침에 아주 일찍 일어난다. 엄청난 경험을 하게 될 것으로 기대하고 있기 때문이다. 발휘는 휴가 가는 날 일어나기 전의 그 느낌과 같다. 그때 당신은 좋은 시간을 보내게 될 것이라는 일종의 믿음을 갖지만 동시에 당신은 그것을 실현시키기 위해 노력을 쏟아 부어야 한다. 이처럼 발휘는 일종의 축하와 기쁨의 느낌이라고 할 수 있으며, 그것은 게으름으로부터의 자유이다.

불교 경전들은 이러한 발휘 없이는 결코 법의 길을 갈 수 없다고 설해 왔다. 또한 규율이란 다리 없이는 길을 걸을 수 없다는 가르침도 함께 펴왔다. 하지만 비록 다리가 있다 해도 발휘가 없다면 당신은 한 발짝도 뗄 수 없을 것이다. 발휘라는 말은 자기 자신을 한걸음 한걸음, 조금씩 조금씩 밀어 붙인다는 어감을 내포한다. 사실 당신은 길 위를 걸으면서 그 길에 당신 자신을 연결시키는 중이다. 그럼에도 당신은 어떤 저항감을 경험하게 된다. 하지만 그 저항감은 게으름을 극복함으로써, 그리고 잠재의식적 잡담과 산만한 생각과 온갖 종류의 정서적 유희에 머물기를 그만둠으로써 극복해 낼 수 있다.

마음 훈련의 네 번째 요점은 현재 처한 상황에서부터 죽음에 이르기까지 당신의 삶 전체를 통해 수행을 완성시키는 것에 대해 다룬다. 따라서 우리는 이제부터 살아있는 동안 할 수 있는 일과 죽어가는 동안 할 수 있는 일에 대해 살펴볼 것이다. 이 두 주제는 삶을 이끌어가는 법과 관련된 지침들이다.

17. 의지를 다루는 다섯 가지 힘 기르기

삶 전체에 걸쳐 보티사트바 수행을 할 수 있도록 활력을 불어 넣어주는 다섯 가지 요소, 또는 다섯 가지 힘들이 있다. 우리는 그것을 각각 강한 결단, 익힘, 덕의 씨앗, 꾸짖음, 열망이라고 부른다.

강한 결단

첫 번째 요소는 강한 결단이다. 두 종류의 보리심을 지속시키겠다는 결단을 내려야 한다. 수행자는 이번 생 동안, 이번 해 동안, 이번 달 동안, 그리고 오늘 하루 동안 보리심을 지속시키기 위해 끊임없이 노력해야 한다. 강한 결단이란 시간을 낭비하지 않는 것을 의미한다. 또한 그것은 당신 자신을 수행과 일치시키기 위해 노력하는 것을 뜻하기도 한다. 당신은 수행을 통해 당신 자신을 강하게 만들어야 한다. 가끔 아침에 일어나 보면, 특히 전날 늦게 잤거나 한밤중에 파티를 했다면, 다소간의 불안감과 함께 자기가 약하다는 느낌이 밀려들 때가 있다. 어쩌면 당신은 숙취에 쩔어 상당한 죄책감을 느끼며 일어날 지도 모른다. 당신은 다른 사람들이 당신을 어떻게 생각할지 걱정하고, 그들이 당신에 대한 존경심을 잃었거나 당신의 연약함을 확인했을까봐 두려워하기 시작한다. 그런 상황은 많은 걱정과 고민거리를 안겨 준다.

첫 번째 힘을 기르려면 아침에 일어나서 눈을 뜨고 창문을 내다보는 즉시 보리심 수행을 계속해 나아가겠다는 강한 결단을 다시 내려야 한다. 그리고 하루가 끝날 무렵 침대에 누워 잠속으로 빠져드는 순간까지 그날 일어난 문제, 좌절, 기쁨, 그리고 좋고 나쁜 온갖 사건들을 돌이켜 볼 때에도 아침과 똑같이 해야 한다. 그리고 당신은 내일 아침 일어나자마자 지속적으로 힘을 발휘하면서 기쁘게 수행을 계속해 나아가겠다는 결단을 내린다. 그러면 당신은 내일을 고대하는 느낌, 다음 날을 기다리는 태도로 잠에 들게 될 것이다.

　　강한 결단은 완전히 사랑에 빠지는 것과 거의 흡사한 태도를 수행을 대상으로 취해 나아가는 것과 관련되어 있다. 당신은 사랑하는 사람과 잠자리에 들고 싶어하고, 사랑하는 사람과 함께 아침에 일어나고 싶어한다. 당신은 그것을 간절히 바란다. 마찬가지로 당신은 수행에 대해 감사와 기쁨의 느낌을 지니며, 따라서 당신에게는 수행이 고통으로 느껴지지도, 고문처럼 느껴지지도 않는다. 당신에게 수행은 감옥이 아니다. 대신 수행은 당신의 기운을 끊임없이 북돋워주는 하나의 수단으로 작용한다. 물론 수행을 하려면 일정 정도의 힘을 발휘해야 하고 어느 정도 자신을 밀어붙이기도 해야 할 것이다. 하지만 당신은 이런 태도를 취하는데 아주 익숙해져 있기 때문에 아침에 일어나는 것도 좋아하고 밤에도 기꺼이 잠자리에 든다. 심지어는 잠조차도 더 큰 가치를 지니게 된다. 마음 상태가 온전하기 때문이다. 이처럼 이 가르침의 중심 의미는 근본적 선으로서의 알라야를 일깨워 자신이 올바른 지점에서 올바르게 수행을 하고 있다는 점을 깨달으라는 것이다. 그러면 첫 번째 힘, 즉 강한 결단에 기쁨의 느낌이 배어들게 된다.

익힘

두 번째 힘을 우리는 익힘이라 부른다. 당신은 이미 강한 결단을 계 발했기 때문에 수행의 모든 과정이 자연스럽게 일어나는 것을 느낀다. 가끔씩 알아차림을 놓치거나, 집중과 자각을 잃어버린다고 해도 주변 상황들이 당신에게 다시 수행으로 돌아가야 한다는 사실을 환기시켜준 다. 이것은 익힘이라 불리는 과정으로, 이 지점에 이르면 법과 관련된 잠 재의식적 잡담이 일상적인 잠재의식적 잡담보다 더 강력해지기 시작한 다. 보리심은 이제 당신이 하는 모든 행위(악행, 덕행, 중립)의 익숙한 기반 이 되었다. 보리심을 끊임없이 자각하여 거기에 습관을 들이기 시작한 것이다.

이 과정은 다시 사랑에 빠지는 과정에 비유해볼 수 있다. 누군가가 연인의 이름을 언급하면 당신은 고통과 기쁨을 동시에 느낀다. 당신은 연인의 이름에, 그리고 그 사람과 연관된 모든 것에 관심이 쏠리는 느낌 을 받는다. 마찬가지로 알아차림과 자각은, 무아의 개념이 이미 마음속 에서 무르익었다면, 즉각적으로 법을 환기시키는 자연스런 경향성을 나 타낸다. 따라서 당신은 법에 익숙해지기 시작한다. 다시 말해 당신은 더 이상 법을 이질적인 것으로 여기지 않고, 대신 법과 관련된 생각, 단어, 활동이 집만큼이나 익숙한 것이라는 점을 깨닫기 시작한다. 와인병을 열거나, 콜라캔을 따거나, 물 한 잔을 따르는 것 같은 모든 행위가 당신 에게는 환기장치 같은 기능을 해준다. 따라서 당신은 그러한 경향성을 제거할 수 없다. 그것은 이미 자연스런 습관이 되었기 때문이다.

이런 식으로 당신은 온전성 속에서 살아가는 법을 배울 수 있다. 처음 시작하는 많은 사람들에게 그것은 아주 어려운 일이지만, 일단 그 온 전성이 당신 존재의 일부라는 점을 깨닫기 시작하면 더 이상의 문제는 일지 않을 것이다. 물론 가끔씩 휴식을 취하고 싶을 수도 있다. 당신은 자신의 온전성으로부터 도망쳐서 다른 무언가를 하며 휴가를 보내고 싶 어할지도 모르지만, 당신의 근원적 힘이 더 강력해지기 시작하면 근원 적 악, 또는 광기는 알아차림과 자각, 그리고 주의력에 대한 친숙성으로 변화하게 된다.

덕의 씨앗

세 번째 힘을 우리는 덕의 씨앗이라 부른다. 당신은 엄청난 동경을 끊임없이 품고 있기 때문에 주의력을 풀고 쉬려 하지 않는다. 기본적으 로 말해 그것은 수행을 중단하지 않고 지속시키는 것을 의미한다. 자신 의 수행에 만족하여 이제 좀 쉬어야겠다는 태도를 갖지 않는 것이다. 당 신은 이것으로 충분하다는 느낌이나, 대신 다른 무언가를 해야겠다는 느낌도 품지 않는다.

이 시점에 이르면 개인의 자유와 인권에 대한 당신들의 신경증이 재 발할지 모른다. 당신은 이렇게 생각할 수 있다. "난 내가 원하는 건 무엇 이든 할 권리가 있어. 나는 지옥 바닥까지 다이빙하고 싶어. 난 그게 좋 아. 난 그걸 사랑해!" 이런 식의 반작용이 일어날 수 있지만 당신은 본인 을 위해서라도 자기 자신을 지옥 바닥으로부터 다시 끌어 올려야 한다. 당신은 자신의 온전성 속에서 느끼는 이 사소한 폐쇄공포증에 굴복해서 는 안 된다. 따라서 여기서 말하는 덕에는 몸과 말과 마음 모두를 자기 내면에 보리심을 퍼뜨리는데 헌신시킨다는 의미가 담겨 있다.

꾸짖음

네 번째 힘은 꾸짖음, 즉 자신의 자아를 꾸짖는 것이다. 그것은 삼사라에 대해 느끼는 혐오감과 연관되어 있다. 자기중심적 생각이 일어날 때마다 당신은 이렇게 생각해야 한다. "내가 삼사라를 방황하며 끝없이 고통 받는 것은 자아에 대한 이 같은 집착 때문이야. 자아에 대한 집착이야말로 고통의 근원이므로 자아를 보존하려고 노력하는 한 행복은 있을 수 없어. 따라서 나는 온 힘을 다해 자아를 길들이려고 노력해야만 해." 혼잣말을 하더라도 이런 식으로 해야 한다. 사실 자기 자신을 상대로 말하는 것이 아주 강력히 권고될 때도 있다. 하지만 물론 여기서 중요한 것은 말의 내용이다. 이 경우 당신은 자아에게 이렇게 말하도록 권고 받는다. "넌 내게 엄청난 골칫거리를 안겨 주었어. 난 네가 싫어. 너 때문에 삼사라의 낮은 영역에서 배회하며 커다란 곤란을 겪고 있어. 너하고 같이 다니고 싶은 생각 조금도 없어. 난 널 파괴시킬 거야. 그런데 이 '너'란 놈은 대체 누구지? 아무튼 꺼져버려! 난 네가 싫어."

당신 자아에게 말하는 것, 이런 식으로 당신 자신을 꾸짖는 것은 큰 도움이 된다. 샤워를 하면서 이런 식으로 혼잣말을 해도 좋고, 변기에 앉아 이런 식으로 혼잣말을 해도 좋다. 특히 그것은 운전하면서 하기에 아주 적합하다. 펑크 록 음악을 켜놓는 대신 자아에 대한 꾸짖음을 켜놓고 혼잣말을 해보라. 동행하는 사람이 있다면 당황스럽겠지만, 뭐 그렇다면 자기 자신에게 속삭이면 될 것이다. 그것은 괴팍한 보티사트바가 되는 최고의 방법이다.

열망

다섯 번째 힘은 열망이다. 수행자는 명상 수행을 마칠 때마다 첫째 자신의 힘으로 지각 있는 모든 존재들을 구하고, 둘째 꿈에서조차 두 종류의 보리심을 잊지 않으며, 셋째 어떤 혼돈과 장애가 일더라도 보리심을 유지하게 되기를 기원해야 한다. 당신은 수행을 하면서 이미 기쁨과 성취를 경험해 보았으므로 이런 것들을 부담스럽게 느끼지 않고 더더욱 큰 열망을 품게 될 것이다. 당신은 깨달음을 얻고자 열망하고, 자기 자신을 신경증으로부터 해방시키고자 열망하며, 모든 상황과 모든 시간대에 걸쳐 '지각 있는 어머니 존재들'[1] 모두에게 봉사하고자 열망하게 된다. 또한 당신은 동료 존재를 구원으로 이끄는 디딤돌이나 다리, 또는 고속도로가 되고자 열망하고, 세상에 도움을 주는 가치 있는 대의에 헌신하고자 열망하게 된다. 이 모두는 보티사트바의 서원을 세울 때 품는 열망과 기본적으로 같은 종류의 열망이다. 또한 그것은 매우 온유한 사람이 되는 법에 관한 일반적 지침이기도 하다. 이렇게 해서 당신이 온유한 사람이 되면 세상은 자기 내면의 온전성을 향유하기 위한 기반으로서 당신을 활용할 수 있게 될 것이다.

1 　대승의 관점을 나타내주는 전통적 문구로서, 지각 있는 모든 존재들이 한때는 우리의 어머니였으므로 지극한 사랑과 존경으로 대해야한다는 의미를 드러낸다.

18. 죽음의 순간, 다섯 가지 힘과 연계하기

마음 훈련의 네 번째 요점에 속한 두 번째 주제는 미래, 즉 우리의 죽음을 다루는 것과 연관된다. 죽음이란 문제는 아주 중요하다. 고통과 덧없음에 관한 진실을 깨닫는 것은 붓다의 가르침 전체를 깨닫기 위한 첫 번째 중요한 단계이다. 우리 모두는 언젠가 죽게 될 것이다. 어떤 사람들은 보다 일찍 죽고 다른 사람들은 좀 더 늦게 죽겠지만 어쨌든 죽는 것은 마찬가지다.

여기서 나는 죽음과 친구가 되는 것에 대해 다뤄보려 한다. 자아지향적 문화에서는 죽음을 일종의 패배나 모욕으로 간주한다. 그리고 유신론적 종교들은 우리에게 불멸성의 느낌을 계발하라고 가르친다. 하지만 근본불교, 특히 대승불교에서는 죽음이 의도적인 행위라고 가르친다. 태어났으니 죽을 수밖에 없다는 것이다. 이것은 아주 명백하고 양식 있는 견해이다. 하지만 여기서 더 나아가 우리는 죽음과 친구가 될 수 있고 자기답게 죽는 법을 배울 수도 있다.

사람들은 보통 죽음을 완벽히 무시하려고 노력한다. 당신이 누군가에게 "너 내일이라도 당장 죽을 수 있다는 거 알아?"라고 말한다면 그 사람은 "헛소리 마! 난 괜찮아."라고 답할 것이다. 이런 태도는 우리 내면에 존재하는 궁극적 추태를 피하려는 시도이다. 하지만 우리는 죽음을 인간이 취하게 되는 궁극적 추태로 여길 필요가 없다. 대신 우리는 그것을 다음 생으로 우리 자신을 연장시켜 주는 하나의 방식으로 간주할 수 있다. 이 경우 우리는 죽음을 우리가 애지중지하는 이 몸을 놓아

보내도록 해주는 초대장으로 여길 수 있다. 보통 우리는 면도하고, 샤워하고, 목욕을 한 뒤 자기 자신에게 아주 아름다운 옷을 입힌다. 우리는 대체로 몸이라 불리는 이 애완동물을 극진히 보살핀다. 그것은 마치 작은 강아지를 기르는 것과도 같다. 우리는 강아지가 죽기를 바라지 않는다. 하지만 몸이라 불리는 이 작은 애완동물은 조만간 우리를 떠날 것이고, 사실상 '떠나야 할' 것이다.

그러므로 우리는 먼저 인간에게는 무슨 일이든 일어날 수 있다는 사실을 깨달아야 한다. 우리는 사고로 죽을 수도 있고, 온갖 종류의 불치병으로 죽을 수도 있으며, 가끔씩은 아무 이유도 없이 죽을 수도 있다. 내외부적으로 아무런 문제도 없지만 완전히 숨이 멎어 그 자리에서 그냥 즉사할 수도 있는 것이다. 그러므로 여기서 중요한 점은 죽음이란 현상에 완전히 익숙해지는 것이다.

당신은 삶을 극도로 염원한다. 그래서 살기 위해 이런 저런 일들을 피한다. 당신은 죽음을 지나칠 정도로 두려워해서 다리에 혈액 공급이라도 끊길까봐 자푸(명상용 방석) 위에도 제대로 앉아있지 못한다. 당신은 죽음을 너무 두려워해서 손가락이 조금 삐걱거리는 것 같은 작은 공격만 당해도 죽음을 떠올린다. 따라서 죽는 법에 관한 이 주제는 죽음이 찾아올 때 취하는 자세에 대해서만 가르치는 것이 아니라 죽음이 항상 거기에 있다는 사실을 깨달아야한다는 점도 가르치고 있다.

이 수행을 실천하던 카담파의 한 스승은 잠자리에 들기 전 항상 물컵을 탁자 위에 거꾸로 엎어놓았다. 티베트에서는 이것이 집에 없다는 신호다. 티베트 사람들은 오래도록 집을 비울 때면 먼지가 끼지 않도록 컵을 엎어 놓는다. 그러면 컵을 깨끗하게 유지할 수 있고, 다른 누군가가 그것을 사용할 수도 있을 것이다. 이야기의 요점은 그 스승이 항상 그날 밤 자기가 죽을 수도 있다는 생각을 했다는 것이다. 그래서 컵을 엎어 놓은 것이다. 당신은 이것이 다소 괴팍한 태도라고 생각할지 모르지만, 사실 누군가에게 잘 자라고 말할 때마다 재삼 숙고해 봐야 할 내용이다. 당신이 내일 그 사람을 다시 보게 되리라는 보장이 없기 때문이다. 당신이 죽음을 재앙으로 여긴다면 이런 접근법이 다소 불쾌해 보일 수도 있지만 누군가에게 친절하게 잘 자라고 말한 뒤 죽는다면 그것은 당신의 삶에서, 당신의 몸에서 빠져나오는 아주 훌륭한 방법이 될 것이다. 그것은 삶을 마감하는 방식으로 아주 우스꽝스러울 수 있지만, 이런 태도에는 유쾌함과 유머가 배어 있다. 당신은 한탄으로 죽음을 가득 채울 필요가 없다. 행복하게 죽을 수도 있기 때문이다.

앞의 주제와 마찬가지로 이 주제도 발휘 바라밀과 연관되어 있다. 발휘는 수행에 대해 느끼는 기쁨의 느낌이다. 당신이 이번 생에서 온힘을 다해 수행한 뒤 이제 죽을 때가 되었다고 해보자. 그때 누군가가 "이 친구 저 세상으로 가는 게 힘든가 보네. 내가 플러그 뽑아줄까?"라고 말하면 당신은 "그거 좋지. 고맙네."라고 답할 준비가 되어 있어야 한다. 그러면 친구는 "좋은 시간 보내게."라고 말하며 플러그를 뽑아줄 것이다.

결국 죽음이란 그다지 음울한 현상이 아니다. 그저 우리가 그것에 대해 말하는 것을 당황스럽게 여기는 것뿐이다. 요즘 사람들은 섹스에 대해 말하거나 포르노 영화 보는 것에 대해 말할 때는 거침이 없지만 죽음을 다루는 것은 여전히 어려워한다. 우리는 죽음 앞에서 쩔쩔매고 그것을 커다란 사건으로 느끼지만, 그러면서도 죽음에 대해 숙고하는 것만큼은 극구 꺼린다. 우리는 죽음을 완전히 무시한다. 우리는 삶을 축복하고 싶어하지 죽음을 준비하고 싶어하지 않는다. 죽음을 축하하는 것은 말할 것도 없다.

샴발라 전통에서는 죽음과 관계 맺기 거절하는 태도를 '지는 태양'의 논리와 연관짓는다. 지는 태양의 철학은 죽음이란 메시지를 완전히 부인한다. 그것은 우리 자신과 우리 몸을 미화시켜 산송장으로 만드는 것에 관심을 둔다. 산송장이란 개념은 어떤 의미에서는 모순이지만 지는 태양의 관점에서 보면 완전히 합리적이다. 우리가 죽기를 원치 않는다면 우리의 시체가 계속 살아남아 산송장이 되어야 할 것이기 때문이다.

위와 같은 논리나 그와 비슷한 온갖 관점들과는 달리, 이 주제는 죽음을 수행의 소중한 한 부분으로 받아들이라고 가르친다. 우리는 어쨌든 모두 죽을 것이고, 따라서 결국 자신의 죽음과 관계를 맺어야 하기 때문이다. 그것은 우리가 하는 수행의 관점에서 바라본 죽는 법이다.

대승불교에서 가르치는 죽는 법은 다섯 가지 힘과 연관된다. 여기서 우리는 다섯 가지 힘, 또는 다섯 가지 의욕과 다시 마주친다. 이 수행들은 아주 간단하고, 조금 전에 설명한 주제의 내용과도 일치하므로 자세히 다룰 필요는 없을 것이다. 죽음의 상황에 다섯 가지 힘을 적용하는 법은 아주 단순하고 직접적이다.

첫 번째 힘인 '강한 결단'은 다음과 같이 확고한 입장을 취하는 것과 연관된다. "나는 근본적 무아성과 근본적 온전성을 죽는 순간에 조차 유지할 것이다." 또한 당신은 두 가지 보리심에 집중하며 다음 구절을 자신에게 반복해서 들려주어야 한다. "죽기 이전과 '바르도'를 거치는 동안, 그리고 탄생의 순간 내가 두 가지 보리심에서 분리되지 않기를."

'익힘'은 죽어간다는 사실에 겁먹지 않도록 일상에서 닦은 알아차림과 자각의 느낌을 불러일으키는 것이다. 당신은 자기 자신에게 두 가지 보리심을 반복적으로 환기시킴으로써 익힘이란 힘을 계발해야 한다.

'덕의 씨앗'은 죽음의 불안에 끊임없이 직면하며 도망치지 않는 것과 연관된다. 또한 그것은 소유물에 대한 집착을 극복하는 것과도 관계가 있다.

'꾸짖음'은 자아라고 불리는 것이 실제로는 존재하지 않는다는 사실을 깨닫는 것이다. 따라서 당신은 이렇게 말할 수 있다. "내가 대체 뭘 두려워하는 거지? 자아, 너는 사라져버려라." 모든 문제의 근원이 자아이고 모든 죽음도 자아 때문에 일어난다는 사실을 인식하면, 당신은 자아에 대한 혐오를 계발할 수 있고 그것을 극복하겠다는 서원을 세울 수도 있다.

마지막 힘인 '열망'은 자신에게 수행을 계속해 나가며 스스로를 개방시키겠다는 엄청난 열의와 힘이 있다는 사실을 깨닫는 것이다. 따라서 당신은 죽음을 후회할 필요가 없다. 성취할 수 있는 것은 이미 다 성취했기 때문이다. 당신은 할 바를 다했다. 당신은 좋은 수행자가 되었고, 기본 수행을 완전히 익혔으며, 사마타와 위빠사나의 의미를 깨달았고, 보리심의 의미도 깨달았다. 가능하다면 푸자(puja)[2]라고 하는 일곱 가

---

2 일곱 가지 봉사는 대승불교의 전통적 의례이며, 절하기, 공양하기, 고백하기, 다른 사람들의 덕을 기뻐하

지 봉사도 수행해야 하지만, 그럴 수 없다면 대신 이렇게 기원해야 한다. "나의 모든 생에 걸쳐 고귀한 보리심을 수행하게 되기를. 내게 보리심을 가르쳐 줄 스승을 만나게 되기를. 삼보여, 부디 내가 그렇게 할 수 있도록 축복을 내려 주소서."

그런데 이 모두를 포괄하는 지점에 가면 흥미로운 역설이 벌어진다. 죽음에 대한 궁극적 지침은 절대적 보리심의 본성에 머물면서 그저 쉬려고 시도하는 것과 연관되기 때문이다. 다시 말해, 당신은 알라야의 본성 속에 마음을 쉬게 하면서 죽음이 찾아올 때까지 그 상태로 머물러야 한다.

기, 스승들에게 가르침을 달라고 요청하기, 스승들에게 열반에 들지 말고 남아달라고 부탁하기, 수행의 공덕을 지각 있는 모든 존재들의 이득을 위해 헌납하기라는 일곱 단계로 구성된다.

다섯 번째 지혜

마음 훈련 평가

명상[禪定] 바라밀

마음 훈련의 다섯 번째 범주는 명상 바라밀과 연관되어 있다. 명상 바라밀은 기본적으로 당신이 이미 지혜, 즉 프라즈나(prajna)에 대한 열병을 앓기 시작했다는 의미를 내포한다. 따라서 당신은 자각과 알아차림의 느낌을 엄청나게 계발하기 시작한다. 사람들은 알아차림과 자각 같은 명상 수행이 야생동물의 치명적 이빨로부터 당신을 보호해준다고 말해왔다. 여기서 야생동물은 우리가 경험하는 신경증, 즉 번뇌(klesha)와 연관된다. 명상 바라밀에 속하는 알아차림과 자각 수행을 하지 않는다면 그런 공격에서 우리 자신을 보호할 수 없고, 다른 사람들을 가르칠 수단도 지닐 수 없으며, 지각 있는 존재들의 해방을 위해 일할 수도 없게 된다. 명상이라는 이 특별한 개념은 로종 수행의 다음 부분 전체에

스며들어 있다.

19. 모든 법은 한 가지 점에서 일치

여기서 말하는 법은 '있는 그대로'라는 뜻의 철학 용어인 '진리'와는 무관하다. 이 경우 법은 그저 '가르침'이란 의미만 지닌다. 우리는 모든 가르침들이 기본적으로 자아를 굴복시키거나 떨쳐버리는 하나의 수단이라고 말할 수 있다. 그리고 자아를 굴복시키라는 가르침이 우리 내면을 지배하는 정도에 비례하여 바로 그만큼의 실재가 우리에게 주어진다. 지금까지 가르친 모든 법은 이 점과 연관되어 있다. 그 외의 다른 법이란 없으며, 특히 붓다의 가르침에서는 그 한 가지가 전부다.

이 특별한 여행에 들어선 수행자는 저울 위에 올라가 자신이 어느 정도 헌신하고 있는지 측정해 볼 수 있다. 그것은 정의의 저울과도 같다. 자아가 아주 무겁다면 당신은 내려갈 것이고, 자아가 가볍다면 당신은 올라갈 것이다. 이처럼 자아 팽창이라는 개인적 목적을 포기하고 깨달음이라는 비개인적 목적을 취하는 능력은 자의식적인 정도, 또는 가슴이 열린 정도에 의존하여 결정된다.

소승의 가르침이건 대승의 가르침이건 간에 그들은 모두 한 가지 점에서 일치한다. 그 모든 가르침의 목적은 단순히 자아를 극복하는 것이다. 그 밖의 다른 목적이란 있을 수 없다. 당신이 어떤 경전을 읽던, 어떤 주석서를 읽던 간에 그 가르침들은 모두 당신 존재와 연결되어야 하고 자아를 길들이는 방법들로서 이해되어야 한다. 이것이 유신론과 무신론의 주된 차이점들 가운데 하나이다. 유신론적 종교들은 어떤 개인적 실체를 설정한 뒤 그 정체성에서 빠져나와 그들 특유의 보티사트바적 행위들을 하도록 권고하는 경향이 있다. 하지만 무신론적인 불교 전통에서는 자아가 실재하지 않는다는 관점에서 가르침을 펴기 때문에 훨씬 광대한 범위에 걸쳐 보티사트바적 행위들을 실천해 나갈 수 있다.

자아를 길들이는 소승불교의 방식은 사마타 수행, 즉 알아차림의 적용을 통해 마음의 방황과 너저분함을 극복하는 것이다. 사마타 수행은 수많은 잠재의식적 잡담과 산만한 생각들을 공급함으로써 스스로를 유지시키는 자아의 근본 메커니즘을 역으로 헤쳐 나아간다. 나아가 위빠사나 수행, 즉 자각은 우리가 자아를 극복할 수 있도록 돕는다. 환경을 전체적으로 자각하여 그것을 기본 수행의 대상으로 삼는 태도는 우리의 자기중심성을 줄여 주고, 주변 세상과 더 깊이 접촉하도록 도와준다. 따라서 '나'와 '나의 것'이라는 생각이 들게 하는 대상들도 줄어들게 된다.

대승의 경우, 우리가 보리심(bodhichitta) 수행을 통해 보티사트바의 의미를 깨닫기 시작하면, 우리는 따뜻함과 능란함에 더 많은 관심을 갖게 된다. 우리는 스스로에게 붙잡고 매달릴 것이 아무것도 없음을 알기 때문에 매순간 베풀 수 있다. 이런 자비의 기반이 되는 것은 영역 없음, 또는 자아의 완전한 부재상태이다. 이 상태에 도달하면 당신은 자비로워진다. 그러면 더 많은 온정과 베풀 수 있는 가능성, 관대함 등도 함께 일어난다. "모든 법은 한 가지 점에서 일치한다."는 말은 자아에 대한 집착이 없을 때 모든 법은 하나이고, 모든 가르침도 하나라는 것을 의미한다.

그것이 자비이다.

누군가 다른 사람에게 애정 어린 태도를 취하려면, 당신은 무엇보다도 아무런 기반이 없어야 한다. 그렇지 않으면 유혹과 욕정, 또는 오만함으로 사람들을 끌어 들이려하는 병적 자기중심주의자가 된다. 자비는 공(空), 즉 바탕 없음으로부터 일어난다. 당신에게는 고수할 것이 없고, 노력하는 주체도 없으며, 계획도, 개인적 이득도, 숨은 동기도 없기 때문이다. 따라서 당신이 무엇을 하든, 그것은 이른바 순수한 일이 된다. 이처럼 공과 자비는 함께 작용한다. 그것은 마치 해변에서 일광욕을 하는 것과도 같다. 먼저 당신은 해변과 바다와 하늘 등 그 모든 것의 아름다운 경치를 만끽하고, 또한 당신을 향해 밀려드는 햇빛과 열기와 바다를 경험하기도 한다.

소승의 과정을 거치면서 자아는 머리를 자르고 면도를 하기 시작한다. 그런데 대승에 과정에 이르면 자아의 사지가 잘려나가 팔다리 없이 몸통만 남게 된다. 우리는 심지어 자아의 몸통마저 가르기 시작한다. 절대적 보리심을 계발하는 과정을 통해 자아의 심장을 끄집어내면 자아에게는 어떤 존재성도 남지 않는다. 그런 뒤 우리는 잘려나간 팔, 다리, 머리, 심장 등의 장기 무더기와 쏟아져 나온 피를 활용하려고 노력한다. 우리는 보티사트바의 접근법을 적용하여 그것들을 효과적으로 활용하며 절대 내다버리지 않는다. 자아의 찌꺼기들로 세상을 오염시키고 싶지 않기 때문이다. 대신 우리는 그것들을 조사하고 활용함으로써 자아의 잔재들을 법의 길로 만든다. 그러므로 당신은 살면서 겪게 되는 모든 경험을 수행상의 진보를 측정하는 수단으로 활용할 수 있다. 자신의 사지와 몸통, 심장을 어느 정도까지 포기할 수 있는지 가늠해보면 되는 것이다. 이 주제가 카담파 스승들의 또 다른 격언과 잘 조화되는 것도 이 때문이다. 그 격언은 다음과 같다. "자아를 얼마만큼 떨쳐냈는가 하는 것이 수행자를 평가하는 척도이다." 즉 자의식이 크면 무게가 많이 나가고, 자의식이 작으면 무게가 적게 나가는 것이다. 이것은 명상과 자각을 얼마만큼 계발했는지 평가하는 척도인 동시에 얼빠진 정신 상태를 얼마만큼 극복했는지 평하는 척도이기도 하다.

20. 두 명 중 주된 목격자의 위치 지키기

어떤 상황에서든 목격자는 두 명이 있다. 당신을 보는 다른 사람들의 시각과 자신을 보는 자신의 시각이 그것이다. 이들 중 주된 목격자라 할 수 있는 것은 자기 자신의 통찰이다. 당신은 당신에 대한 다른 사람들의 견해를 무작정 좇아서는 안 되고 항상 자기 자신에게 진실된 태도를 취함으로써 이 주제를 수행해야 한다. 어떤 일을 시도할 때면 당신은 세상으로부터 일종의 피드백을 받고 싶어한다. 당신은 자신이 한 일에 대해 자기 나름의 견해를 갖지만, 또한 다른 사람들의 견해도 받아들인다. 당신은 먼저 무언가에 대해 자신만의 견해를 갖고, 그런 뒤에 영역을 넓혀 다른 사람에게 이렇게 물어보기 시작한다.

"괜찮았나요? 제가 잘하고 있습니까?"

이러한 질문들은 스승과 제자가 만나는 상황에서 자주 듣게 되는 것

가운데 하나다.

많은 경우 사람들은 당신에게 깊은 인상을 받는다. 매력적이고 원기 왕성한데가 자신이 하는 일을 제대로 파악하고 있는 듯 보이기 때문이다. 따라서 사람들은 상당한 찬사를 보내준다. 하지만 반대로 당신과 관련해 일어나고 있는 일을 제대로 알지 못하는 사람들은 당신에게 엄청난 비판을 쏟아 부을 수 있다. 이 주제는 이 두 명의 목격자 가운데 주된 목격자를 실제적이고 진실된 목격자로 설정하라고 말한다. 그 진실 된 목격자란 바로 당신이다.

당신은 자기 자신을 아는 유일한 사람이다. 당신은 태어날 때부터 자기 자신과 함께 해온 유일한 사람이다. 그리고 태어나기 전에 조차 당신은 자신의 카르마라는 엄청난 짐을 짊어지고 있었다. 당신은 누군가의 자궁 속으로 들어가기로 결심했고, 그 사람 아랫배에서 태어나 세상 밖으로 나왔지만, 그 짐은 여전히 짊어지고 있다. 당신은 자신의 고통과 기쁨과 그 모든 것을 느낄 수 있다. 또한 당신은 자신의 유년기가 가져다 준 고통과 기쁨을 체험해 보았고, 사춘기의 고통과 기쁨을 겪어 보았으며, 성인이 된 뒤의 고통과 기쁨도 직접 경험해 보았다. 이제 당신은 중년의 고통과 기쁨을 경험하기 시작했고 마침내는 나이 듦과 죽음이 가져다주는 고통과 기쁨도 체험하게 될 것이다. 이처럼 당신은 당신 자신으로부터 단 일분도 떨어져 있어본 적이 없다. 당신은 자기 자신을 너무나도 잘 안다. 그러므로 당신은 자기 자신에 대한 최상의 심판관이다. 당신은 자기가 얼마나 막무가내인지 잘 알고, 양식 있는 사람이 되려고 애쓴다는 것도 잘 알며, 가끔씩 몰래 진실을 은폐하려 한다는 것도 잘 안다.

보통은 '내'가 '있음'에게 말을 건다. "이걸 해도 될까? 나쁜 짓을 좀 해도 될까? 이걸 해도 아무도 모를 거야." 오직 '우리'만 안다. 우리는 그것을 하고 교묘히 빠져나올 수 있다. 이처럼 다른 사람들에게 들키지 않길 바라면서 당신과 당신 자신이 항상 함께 공모하는 계략과 책략들은 무수히 많다. 만일 당신이 그 모든 일을 공개적으로 내놓아야 한다면 무척이나 당황스러울 것이고, 상당히 부끄러울 것이다. 물론 완전히 반대되는 가능성도 있다. 당신은 다른 사람이 당신과 당신의 노력에 깊은 인상을 받도록 하기 위해 아주 선해지려고 애쓸 수 있다. 당신은 착한아이가 되려고 노력할지도 모른다. 하지만 만약 당신이 자신의 선행을 직접 말로 표현한다면 사람들은 그것은 절대 믿지 않을 것이다. 그들은 당신이 그저 농담한다고 생각할 것이다.

자기 자신을 진정으로 아는 것은 오직 당신뿐이다. 당신은 매순간 자신을 안다. 당신은 자기가 어떻게 행동하는지 안다. 어떻게 이를 닦고, 머리를 빗으며, 샤워하는지를 안다. 또한 자기가 어떻게 옷을 입고, 다른 사람에게 어떻게 말하는지를 알며, 어떻게 먹는지도 잘 안다. '나'와 '있음'은 이 모든 행위를 수행하면서 모든 것에 대해 대화를 나눈다. 따라서 당신 내면에는 말해지지 않은 무수한 사실들이 끊임없이 축적된다. 그러므로 자신에 대한 주된 목격자, 주된 심판관은 당신 자신이다. 그리고 로종 수행을 얼마나 잘 해나가고 있는지 판단하는 것도 결국 당신 몫이다.

이처럼 당신은 자신을 누구보다 잘 알고 있으므로, 자신을 대상으로 끊임없이 작업해 나가야 한다. 이것은 자기 자신을 믿는 것이 아니라 자신의 지혜를 믿는 것에 기반을 둔다. 자기를 믿는 태도는 아주 이기적으로 될 수 있기 때문이다. 그것은 당신이 누구이고 무엇인지 파악할 수 있는 지혜를 신뢰하는 것이다. 당신은 자신을 너무도 잘 알기 때문에 자신의 모든 기만성을 잡아낼 수 있다. 다른 사람들이 당신을 축하하거나 칭찬한다 해도 그들이 당신의 전 존재를 알지는 못할 것이다. 따라서 당신은 자신 만의 판단능력을 회복해야 한다. 즉 자신의 표현을 점검해 보고 다른 사람들과 자신에게 행사한 계략을 들춰내야 하는 것이다. 이건 자기중심성이 아니라 반대로 자아가 존재하지 않는다는 관점을 취한 자의 영감이다. 당신은 당신이 무엇인지 단순히 바라만 보아야 한다. 융 학파나 프로이트 학파의 방식에 따라 과거로 거슬러 올라가기 보다는, 그저 관심만 기울이면서 그 관찰 대상의 가치를 평가해야한다.

21. 마음을 항상 기쁘게 유지하기

이 주제의 요점은 기쁨에 찬 만족감을 지속적으로 유지하라는 것이다. 이 말은 모든 고난조차 좋게 여긴다는 뜻이다. 왜냐하면 그것은 법을 수행하도록 하는 자극제 역할을 해주기 때문이다. 다른 사람의 고난도 좋다. 당신은 그 고난을 공유하고 자신에게로 가져옴으로써 수행을 확장시켜야 한다. 이처럼 당신은 다른 사람의 고난도 수행대상으로 포함시킨다. 사실 그런 식으로 느끼는 것은 아주 기분 좋은 일이다.

내게는 실제적인 기쁨의 느낌이 있다. 그건 아주 온전하고 고양된 느낌이다. 아무래도 나는 불교로 개종당한 것 같다. 비록 "예수께서 날 구원해주셨다."고 쓰인 자동차 스티커를 붙이고 다니진 않지만, 정신적인 차원에서는 그런 일을 해온 것 같다. 정신적인 차원에서 나는 이렇게 쓰인 자동차 스티커를 붙이고 다닌다. "나는 내 자아가 불교로 개종당해서 기쁘다. 자비로운 불교의 시민으로 받아들여지고 인정받아 기쁘다." 지금까지 나는 엄청난 충족감과 함께 크게 보상받았다는 느낌을 지녀왔다. 그 느낌이 어디서 왔는지는 문제가 되지 않았다. 그저 그 모든 수행이 내게 힘을 불어넣어준 것 같았다. 사실 그와 같은 내면으로부터의 격려가 없었다면 금강승을 공부하면서 큰 어려움을 겪었을 것이라는 느낌을 받기도 한다. 나는 그 점이 너무나도 감사하고 흡족했다. 이 주제의 의미는 일상을 영위하면서 작은 문제들과 괴로움을 겪게 되더라도 이같은 만족감과 기쁨을 유지할 줄 알아야 한다는 것이다.

이 주제는 바로 앞의 주제["두 명의 목격자 가운데 주된 목격자의 위치지키기"]와 연관된다. 당신이 유대 기독교 집안에서 자랐다면 자기 자신을 바라본다는 개념을 죄와 연관지을 것이다. 하지만 이것은 그것과는 다르다. 불교는 원죄 같은 개념을 인정하지도, 받아들이지도, 제시하지도 않는다. 불교에 관점에서 보면 당신은 추방당한 것이 아니다. 당신의 비행은 분명 관찰 대상이 되어야 하지만, 그렇다고 반드시 문제로 간주할 필요는 없다. 당신은 근본적으로 낙인찍힌 것이 아니다. 당신이 일시적으로 보이는 비행은 단지 일시적인 문제로 간주된다. 그러므로 이 점과 관련하여 이 주제에서는 "마음을 항상 기쁘게 유지"하라고 말한다. 마음이 기쁜 이유는 비참한 상황에 처하거나 갑작스럽게 들뜬 기분이 들더라도 거기 휘말리지 않기 때문이다. 대신 당신은 기분 좋은 느낌을 계속해서 유지할 수 있다.

애초에 당신이 기분 좋은 느낌을 지닐 수 있는 것은 자신이 길 위에 있다는 사실을 알기 때문이다. 당신은 자기 자신을 대상으로 실제로 무언가를 하고 있다. 대부분의 지각 있는 존재들은 자신의 존재로 이뤄야 할 것이 무엇인지 전혀 알지 못하지만, 당신은 최소한 그 실마리를 잡았다. 이것은 엄청난 일이다. 만일 당신이 브룩클린이나 캘커타의 블랙홀 교도소 같은 곳에 가본다면 우리가 자신을 상대로 하려고 하는 일이 얼마나 놀라운 일인지 깨닫게 될 것이다. 일반적으로 말해, 사람들은 이 같은 가르침과 수행을 절대 자발적으로 떠올리지 못한다. 그것은 실로 놀랍고 엄청난 것이기 때문이다. 당신은 누군가가 그런 생각을 해냈다는 사실에 흥분하고 감사할 줄 알아야 한다.

기쁨의 느낌과 찬탄의 느낌은 이 같은 관점을 취할 때 주어지는 것이다. 당신이 우울하다고 느낄 때나, 주변 환경이 기운을 제대로 북돋워 주지 못한다고 느낄 때, 그리고 수행을 하기 위해 필요한 피드백이 오지 않는다고 느낄 때마다 이 같은 관점을 참조해 볼 수 있다. 이 주제의 중심 의미는 비가 오든, 폭풍이 치든, 해가 뜨든, 날이 덥든 춥든, 배가 고프든 부르든, 목이 마르든, 몸이 아프든 상관없이 기분 좋은 느낌을 유지할 수 있다는 것이다. 이것을 군이 상세히 설명할 필요는 없다고 생각한다. 그저 자기 자신을 일깨우도록 해주는 활기찬 느낌이 기본적으로 있다는 것을 말해두는 것으로 충분할 것이다.

이 기쁨이 자비심의 원천인 듯하다. 우리는 이 주제가 대승의 수행을 충실히 유지시키는 법과 연관된다고 말할 수도 있을 것이다. 당신은 누군가가 서투른 짓을 저질러 당신 얼굴에 먹칠을 하고 모든 일을 망쳐놨다고 화를 낼 수 있다. 하지만 대승의 수행을 하는 당신은 그런 자를 비난해서는 안 된다. 당신은 당신 자신을 비난해야 한다. 그런데 자기 자신을 비난하는 행위는 사실 즐거운 일이다. 당신은 그 모든 것에 대해 쾌활한 태도를 지니기 시작할 수 있다. 그러면 당신은 한탄과 탄식을 넘어, 상징적으로 말해, 브루클린에서 벗어날 수 있을 것이다. 당신은 그렇게 할 수 있다. 그것은 실제로 할 수 있는 일이다.

이런 종류의 쾌활함에는 크나큰 대범성이 내포되어 있다. 그것은 사실 불성, 여래성(tathagatagarbha)에 근간을 둔 것이다. 그것은 그런 일을 이미 성취한 사람들의 근원적 자비에 근간을 둔 것이다. 관세음보살(Avalokiteshvara), 문수보살(Manjushri), 잠곤 콩튈(Jamgon Kongtrul), 밀라레파(Milarepa), 마르파(Marpa) 같은 사람들이 그들이다. 따라서 우리도 그것을 할 수 있다. 그것은 실제 상황에 근간을 둔 것이다.

만일 누군가가 주먹으로 당신 입을 치면서 "이 더러운 놈"이라고 하더라도 당신은 그런 사람에게 자기를 그렇게 알아봐줘서 고맙다고 할 줄 알아야 한다. 실제로 당신은 정중히 예의를 갖춰 "충고해 줘서 고맙다"고 말할 수도 있다. 그런 식으로 그 사람의 신경증은 당신에게 흡수되고 인계된다. 이건 통렌 수행과 같은 원리다. 이때 당신은 훌륭한 희생을 치르는 것이다. 이런 태도가 우스꽝스러울 정도로 비현실적인 것이라고 생각한다면, 완전히 잘못 본 것은 아니다. 어떻게 보면 이 모든 것은 '우스꽝스러울 정도로 비현실적'이다. 하지만 누군가가 일종의 조화를 불어넣기 시작하지 않는다면, 우리는 결코 이 세상의 온전성을 증대시킬 수 없을 것이다. 누구든 먼저 씨앗을 심어 온전성이 싹트도록 해야 하는 것이다.

22. 심란할 때도 수행하면 잘 훈련된 것

우리는 살아가면서 적절히 처리해야 하는 온갖 종류의 상황들과 마주치며, 여기에는 우리가 인식조차 못하는 상태들도 포함된다. 하지만 우리는 눈앞의 실재에는 별 관심을 기울이지 않고 우리의 신경증과 게임에 더 큰 관심을 기울인다. 엄청난 수준의 불안에 빠지면, 우리는 그 정감이 일어나는 즉시 자각도 잃어버린다. 하지만 반대로 즉석에서 자각의 느낌을 일으키는 것도 가능하다. 전통적으로 우리에게 들이닥치는 모든 혼돈은 일종의 신성을 향한 외침으로 도움이나 축복, 은총을 구하는 외침으로 간주되어 왔다. 평범한 일상의 생활에서 무언가가 갑자기 들이닥치면 우리는 "하느님 맙소사, 저것 좀 봐." 하거나 이와 비슷한 식으로 성스러운 이름을 언급한다. 전통적인 관점에서 보면 이런 반응은 자각을 일으키기 위한 환기장치이다. 하지만 요즘에는 이러한 경우에 절대 그런 식으로 반응하지 않고, 대신 가장 저급한 방식으로 욕설을 내뱉는다. 이 주제의 중심 의미는 평범하거나 비범한 사건들이 들이 닥칠 때 — 주전자가 끓거나, 스테이크가 타거나, 갑자기 미끄러져 넘어질 때 — 마다 자각에 대한 기억을 즉석에서 일으키라는 것이다. 잠곤 콩툴의 주석서에 보면 잘 훈련된 튼튼한 말에 대한 설명이 나온다. 이 말은 균형을 잃을 때마다 그 순간의 자각을 통해 균형을 다시 되찾는다. 그리고 이어지는 경구에서는 보티사트바의 행위를 잘 훈련된 운동선수에 비유한다. 이 운동선수는 바닥에 미끄러질 때 그 순간 일어나는 힘을 역으로 활용해 몸의 균형을 되찾는다. 이것은 스키 타는 것과 비슷해 보인다. 스키를 탈 때 당신은 일부러 눈 위로 미끄러져 내리지만, 곧 주의를 집중하고 그 힘을 활용함으로써 균형을 이뤄낸다.

이처럼 통제력을 상실하여 순간적으로 놀랄 때마다 당신은 실재에 대한 통제력을 잃었다는 그 외관상의 두려움을 역으로 이용할 수 있다. 그런데 그렇게 하려면 포기할 줄 아는 능력이 필요하다. 이 주제는 남성우월주의자처럼 되는 것과는 거리가 멀다. 자기가 너무나도 강력한 힘이 있어서 알아차림 상태도 쉬지 않고 유지할 수 있다는 식의 태도는 버려야 한다. 대신 알아차림을 게을리 한 결과로 무언가가 당신을 공격해 오면, 그 같은 실수를 환기장치로 삼아 즉석에서 다시 알아차림을 일으켜야 한다. 이렇게 하면 다시 궤도로 되돌아와 전처럼 삶을 이끌어 나갈 수 있다.

우리는 이제 종잡을 수 없는 생각들에 휩쓸릴 때조차 수행을 실천할 수 있다는 사실을 이해할 수 있게 되었다. 이와 관련된 예를 하나 들어보자. 술망(surmang) 사원에 머물 때, 나는 내 훌륭한 교사와 집행관들에게 심각하게 상처를 입고는 심리적으로 침체되어 어두운 구석으로 내몰리곤 했다. 그리고 양심의 가책과 슬픔과 무력감이 더 크게 느껴질 때면, 나는 내 뿌리 스승인 잠곤 콩퉬을 생각하면서 울곤 했다. 잠곤 콩퉬

이 술망 사원을 떠난 이후로 나는 끊임없이 그를 생각했고, 그는 실제로 내게 무언가를 해주기도 했다. 나를 격려해 준 것이다. 그래서 나는 금강승불교의 헌신이란 접근법을 시도해 보기도 했다. 나는 수행원들에게 "나가! 차 같은 건 안 마셔도 돼. 그냥 책 읽을래."라고 말하고는 드러누워 30분 동안, 때로는 45분 동안 울부짖곤 했다. 그러면 꼭 누군가가 기겁을 하고는 달려온다. 내가 아프거나 뭐 잘못된 것은 아닌지 걱정이 된 것이다. 그러면 나는 "저 사람들 돌려보내. 너도 나가. 차 같은 건 필요 없어."라고 말하곤 했다.

하지만 가끔씩 이런 방법이 별로 효과적이지 못하다는 생각이 들었다. 기본 수행도 충분히 하지 않는 상태에서 금강승의 헌신을 도입하는 것은 시기상조였기 때문이다. 그래서 새로운 전략을 하나 개발했는데, 그것은 이 주제에서 말하는 태도와 완전히 일치한다. 예전에는 어떤 문제나 혼란이 일어날 때마다 잠곤 콩툴을 찾아가 털어놓곤 했지만 이제는 새로운 방법을 쓰기 시작했다. 어떤 문제나 혼란이 일어날 때마다, 또는 좋은 일이나 축하할 일이 일어날 때마다, 즉 무슨 일이 일어날 때마다 나는 그저 내 존재상태와 잠곤 콩툴에 대한 기억, 그리고 법의 길과 수행에 대한 기억으로 되돌아오곤 했다. 나는 자각의 느낌, 민첩하고 아주 직접적인 자각의 느낌을 일으키는 능력을 계발해 나가기 시작했다. 이 자각이 반드시 잠곤 콩툴에 대한 기억과 연관될 필요는 없었다. 그것은 길에서 벗어날 때 길에서 벗어난다는 그 느낌으로 인해 다시 되돌아오게 만드는 그런 종류의 자각이었다. 이 주제가 의미하는 것이 바로 그것이다. 예컨대 만일 당신이 훌륭한 기수라면 말을 타면서 마음이 산란

해질 수는 있겠지만, 그렇더라도 말에서 떨어지지는 않을 것이다. 바꿔 말하면 길에서 벗어날 때 그 벗어나는 과정에 의해 다시 제자리로 되돌려질 수 있다면 그것이야말로 완벽한 수행의 징표라는 것이다.

이 주제에는 당신이 이미 어느 정도 훈련 되었으므로 수행을 계속해 나가는데 별 어려움을 겪지 않을 것이라는 사고방식이 내포되어 있다. 기쁘거나 고통스런 상황이 들이닥친다 해도 당신은 그들의 노예가 되지 않는다. 당신은 이미 즉석에서 통렌과 보리심을 불러일으키는 법을 배웠으므로 극단적 쾌락과 고통, 우울 등에 결코 종속되지 않는다. 당신이 어떤 상황과 마주칠 때 그 상황은 당신의 정서와 마음 상태에 영향을 미치지만, 바로 그 정서와 마음 상태의 동요 덕분에 그 상황은 갑작스럽게 알아차림과 자각의 일부로 변형된다. 이처럼 알아차림과 자각이 당신에게 찾아오므로 당신 쪽에서 먼저 그 노력을 기울일 필요성은 줄어들게 된다. 당신은 보호하고, 이해하고, 주의력을 유지하려고 애쓰지 않아도 된다. 그렇다고 그냥 내버려 두어도 그 모든 상태가 다 알아서 찾아온다는 것은 아니다. 분명 당신은 기본적인 알아차림과 자각을 계발하며 주의력을 기를 필요가 있다. 하지만 동시에 그 주의력은 마음의 근본 상태로 변형될 수도 있다. 이것은 명상 바라밀과 연관된 문제다.

다섯 번째 요점에서 우리가 다룬 내용은 매우 명백하다. 그 주요 요점은 신경증이란 이빨, 번뇌라는 이빨에 상처 입도록 자신을 방치하지 말라는 것이다. 그리고 그렇게 하는 방법은 "모든 법은 한 가지 점에서 일치한다."는 점을 깨닫고 자신의 자아를 길들이는 것이다. 자아를 길들인 정도는 수행자를 평가하는 척도가 된다. "두 명의 목격자 가운데 주된 목격자의 위치를 고수한다."라는 주제의 의미는 자신의 행위를 자신의 시각에서 평가하는 것으로 시작하라는 것이다. 그리고 "마음을 항상 기쁘게 유지한다."라는 주제의 의미는 활기찬 느낌을 지니라는 것이다. 당신은 자의식적인 훈련에 얽매인 것이 아니므로 기쁨을 경험할 수 있고, 특히 극도로 험악하거나 극도로 즐거운 상황이 닥칠 때 그런 태도를 취하도록 자신을 훈련시킬 수 있다. 그리고 마지막으로 잘 훈련된 수행자의 자질은 마음이 심란할 때 수행을 유지하는 능력을 통해 드러난다.

당신이 이 주제들 가운데 일부를 수행한다면 우리는 이 세기 안에 수천의 붓다와 보티사트바를 보게 될 것이다.

여섯 번째 지혜

마음 훈련을 위한 규율

지혜[般若] 바라밀

마음 훈련의 여섯 번째 요점과 연관된 바라밀은 지혜 바라밀이다. 이 주제들 모두는 자기 자신을 대상으로 작업해 나갈 수 있도록 지성을 날카롭게 연마하는 것과 연관된다. 그것이 지혜의 칼에 내포된 의미이다. 지혜는 자아의 속박을 잘라내는 칼로 간주된다. 자아의 속박을 잘라내는 대승의 방법은 기본적으로 위빠사나의 방법과 같다. 그것은 자각이다. 당신의 세상과 당신의 삶을 대상으로 하는 이 자각은 당신의 전 생애에 걸친 경험과 연관되고, 특히 명상 후 경험 상황과 긴밀히 연관된다.

당신 일상에서 일어나는 모든 일들은 습관적이고 잠재적인 신경증을 베어버리는 지혜에 의해 지배되기 시작한다. 그리고 이렇게 알아차림과 자각의 느낌을 풍부하게 첨부시키는 능력은 보티사트바의 길을 걸으며 계발한 뛰어난 집중력으로부터 주어진다. 당신은 사마타와 위빠사나라는 요인의 도움을 받아 견실한 대승의 수행자가 되는 방법, 즉 자애롭고, 친절하고, 개방적이고, 온화한 상태에 머무는 방법을 배울 수 있다.

한편 당신은 무아의 상태에 머물기도 한다. 그곳에서 당신은 집착하지 않고, 작위적인 행위도 하지 않으며, 자아나 아트만, 또는 영혼과 관련된 것들에 의지하지도 않는다. 이처럼 자아와 연관된 그 어떤 것에도 머물지 않으면, 경전에 묘사된 행위들이 당신의 삶 속에 배어들어 구체화되기 시작한다. 당신은 명상 대상으로 삼을 '나'도 없고, 자신의 존재를 선언하는 '있음'도 없다는 사실을 깨닫는다. 이 같은 깨달음 덕분에 당신은 당신 자신을 다른 사람들과 교환할 수 있게 된다. 그리고 이렇게 먼저 자기 자신을 희생시키는 능력을 확보하면 장애를 극복할 수 있게 되고, 세상과 관계 맺는 법도 터득하게 된다. 이런 식으로 당신은 법의 길을 걸으며 지혜의 칼을 어떻게 써야 하는지 배우게 된다.

23. 항상 세 가지 기본 원칙 지키기

이 주제는 소승 · 대승 · 금강승이라는 세 가지 기본 원칙에 따라 붓다의 법을 실천해 나가는 법을 대략적으로 묘사해준다. 그것은 세 종류의 가르침(소승불교의 알아차림 수행, 대승불교의 자비심, 금강승불교의 광기의 지혜)을 모두 동시에 지킨다는 느낌을 내포한다.

177

당신은 광기의 지혜가 받아들여지지 않는 곳에서 그런 식으로 행동하면서 다른 종교들의 위엄을 무시하고 그 종교를 기반으로 세워진 사회 전체를 뒤집어 엎으려 할 수 있다. 하지만 그렇게 해서는 안 된다. 우리는 그런 경솔한 행동을 하지 않도록 조심해야 한다. 이렇게 자기만족감과 자기도취감을 기반으로 종교적 수행을 하는 것보다 더 위험한 짓도 없을 것이다. 우리는 함께 여행을 하고 있다. 불교의 철학 체계는 완성되었고, 적절한 인용구도 넘쳐나며, 문법과 언어도 이미 설정해 놓았다. 하지만 이 모든 것에도 불구하고 우리는 자아를 포기하려 하지 않는다. 발걸음을 내디딜 일종의 기반은 마련해 두었지만 자신의 가장 성스럽고 비밀스런 자산을 포기하려 하지 않는 것이다. 이러한 태도는 법의 길을 제대로 따르는 것이 아니기 때문에 문제가 된다. 따라서 이 경전은 자기만족감으로 법을 타락시켜서는 안 된다고 가르친다. 여기서 자기만족감이란 법의 영역 내에 존재는 모든 종류의 권위를 말한다.

세 가지 기본 원칙은 첫째 두 가지 서원을 지키고, 둘째 도리에 어긋난 행동을 하지 않으며, 셋째 인내심을 계발하는 것으로 묘사되기도 한다.

첫 번째 원칙은 종교에 입문할 때, 그리고 보티사트바의 서원을 세울 때 한 그 약속들을 철저히 지키라는 것이다. 이 원칙은 아주 간단하다.

두 번째 원칙은 도리에 어긋난 행동을 자제하라는 것이다. 로종 수행을 시작하면서 당신은 자기 자신을 중시해서는 안 된다는 사실을 깨닫는다. 따라서 당신은 자기희생적인 방식으로 행동하려고 노력하게 된다. 하지만 이타심을 드러내려는 그런 시도는 종종 자기 선전으로 전락하고 만다. 당신은 자신을 감옥에 내던져지거나 처형되도록 내버려둔다. 이 같은 이타적 행위는 당신의 신념 때문이다. 하지만 당신의 행위는 여전히 품위 있는 사람이 되겠다는 자신의 '생각'에 기반을 두고 있다. 당신은 그냥 기분에 휩싸여서, 또는 아주 광적으로 돌변해서 장기간 단식을 하거나 보티사트바 수행이란 명목으로 거리에 눕는 것 같은 온갖 종류의 이타적 전시행위에 자신을 내맡길 수 있다. 미국 친구들 가운데 많은 사람이 이런 일을 해왔다. 하지만 이런 접근법은 보티사트바의 행위라기보다는 순전한 자기 선전 행위로 간주되어야 한다.

세 번째 원칙은 인내심을 계발하라는 것이다. 보통 우리는 인내심을 극단적으로 발휘한다. 다시 말해 당신은 친구들에게는 인내심을 발휘하지만 적들에게는 인내심을 발휘하지 않는다. 또한 자신이 가르치려는 사람들, 즉 당신의 문하생들에게는 인내심을 발휘하지만 자신과 상관없는 사람들에게는 인내심을 발휘하지 않는다. 이렇게 양극화시키는 태도는 사실 일종의 인격 숭배, 자기 자신에 대한 숭배행위이다. 이건 그다지 좋은 생각이 아닐 뿐 아니라 '절대' 좋은 생각이 아니다.

지혜는 중요한 사람이 되려고 자신이 얼마나 애쓰고 있는지 간파하도록 해 준다. 당신이 로종 수행과 통렌 수행을 어느 정도 성취했다면, 이제 영역을 넓혀 지도자나 영웅이 될 시간이 왔다는 느낌을 받기 시작할 수 있다. 하지만 당신은 그런 느낌을 경계해야 한다. 이것은 행실과 관련된 가장 기본적인 가르침 중 하나다. 이 가르침은 지혜바라밀과 연관되어 있다. 당신은 이제 자신이 누구인지, 자신이 무엇인지, 자기가 무엇을 하고 있는지 식별해내기 시작했으므로 방심하지 말고 그 모든 것을 지속적으로 바라보아야 한다.

24. 태도를 바꾸되 자연스럽게 머물기

일반적으로 우리는 항상 자기 자신의 영역부터 먼저 보호하고 싶어한다. 우리는 자기 자신의 땅부터 보존하고 싶어하기 때문에 다른 사람들에 대한 배려는 뒷전으로 밀려난다. 이 주제의 요점은 이 태도를 뒤집어 다른 사람들에 대해 먼저 숙고한 뒤 자기 자신을 생각하라는 것이다. 그것은 아주 단순하고 직접적이다. 당신은 대개 자기 자신을 대상으로 관대함과 부드러움을 수행하고 다른 사람들을 대상으로 그 반대를 수행한다. 그리고 당신은 무언가 원하는 것이 있으면 직접 가져오는 대신 누군가를 시켜서 가져오게 한다. 이 주제는 다른 사람들에게 자신의 힘과 권력을 행사하는 이와 같은 태도에도 적용된다. 또한 당신은 사태를 교묘히 모면하려고 시도하기도 한다. 예를 들어 당신은 누군가 다른 사람이 대신해주기를 바라며 접시를 닦지 않는다. 태도를 바꾼다는 말은 당신의 이러한 태도를 완전히 뒤바꾸는 것을 뜻한다. 즉 다른 누군가가 일을 하도록 만들지 말고 당신이 직접 나서서 그 일을 하는 것이다.

주제는 이어서 "자연스럽게 머물라."고 말한다. 이 표현에는 긴장을 푼다는 어감이 들어 있다. 그것은 다른 사람들을 못살게 굴지 않도록 당신의 기본 존재를 길들이고, 당신의 마음을 완전히 길들인다는 뜻이다. 다른 사람을 귀찮게 구는 대신 당신은 자기 자신의 행실을 점검해봐야 한다.

우리는 자기 자신을 애지중지하는 태도를 바꾸는 것에 대해 말하고 있다. 자기 자신을 소중히 돌보는 대신 다른 사람들을 소중히 돌보고, 그 뒤에는 그저 이완하는 것, 그것이 전부다. 이 가르침은 아주 소박하다.

25. 상처 입은 수족에 대해 말하지 않기

오만함과 공격성으로 인해, 당신은 다른 사람들의 결점에 대해 말하면서 우월감을 느끼는 것을 좋아한다. 이 주제의 의미는 다른 누군가의 결점, 즉 상처 입은 수족을 기쁨의 대상으로 삼지 말라는 것이다. '상처 입은 수족'이란 문자 그대로 눈이 멀었거나, 말을 못하거나, 느려 터진 것과 같은 사람들의 심리적·신체적 상태를 가리킨다. 그것은 사람이 지닐 수 있는 모든 종류의 신체적 결점들을 지칭한다. 이것은 기독교에 의해 일반적인 윤리로 이미 확립된 듯 보인다. 우리는 일반적으로 그렇게 행동하지는 않지만, 누구도 신체적 결점 때문에 경멸받아서는 안 되고, 모든 사람이 하나의 인격체로 간주되어야 한다는 사실이다.

이것은 현실에 대한 청교도적 접근이 아니다. 어떤 사람이 자신의 삶을 다루는 데 문제를 겪고 있을 때, 그것에 대해 말함으로써 문제를 과장할 필요가 없음을 단순히 인식하라는 것뿐이다. 우리는 그냥 그 사람의 문제들과 함께 지닐 수 있다. 누군가 자신이 겪은 사소한 일에 대해 떠들어대거나 과장할 때, 또는 어떤 사람을 만났다고 지나치게 흥분할 때 우리는 그것을 그 사람의 보기 흉한 측면으로 간주하지 않는다. 그러한 태도는 그저 그 사람이 현실에 반응하는 일반적 반응방식일 뿐이다.

26. 다른 사람을 놓고 곰곰이 생각하지 않기

이 주제에서 '다른 사람을 놓고 곰곰이 생각'한다는 말은 타인의 작은 결점과 문제들을 집적댄다는 뜻이다. 우리가 일반적으로 지닌 문제들 가운데 하나는 누군가가 우리에게 거슬리는 행동을 하거나 우리의 원칙들을 어길 경우 계속해서 그 특정 행동을 비난해댄다는 것이다. 우리는 그 사람의 흠집을 잡아내서 그 자의 문제가 온전치 못한 것으로 비판을 받아야 한다는 점을 분명히 드러내고 싶어한다. 예를 들어 당신이 통렌 수행을 아주 열심히, 지나치게 열심히 해서 엄청난 오만함을 계발했다고 해보자. 그러면 당신은 자기가 엄청나게 진보했다고 느낄 것이고, 노력을 통해 가치 있는 사람이 된 것처럼 느낄 것이다. 그래서 당신은 자신만큼 진전을 이루지 못한 누군가를 만나면 그 사람을 비하하고 싶어할지도 모른다. 이 주제의 가르침은 아주 단순하다. 그저 그렇게 하지 말라는 것이다.

나는 이 주제와 바로 전 주제가 별로 다르지 않다고 생각한다. 그들은 기본적으로 같은 의미를 전달하고 있다. 두 주제 모두 아주 간소하고 직접적이다. 사실 이 모든 주제들은 기억을 환기시켜 주기 위해 당신에게 다가오는 신호들이다. 그리고 특정한 주제 하나가 당신에게 떠오를 때마다 이 주제들 전체가 더 큰 의미를 드러내게 될 것이다.

27. 가장 불결한 문제부터 다루기

당신은 자신이 지닌 가장 큰 장애부터 우선적으로 다뤄야 한다. 그것이 공격성이든, 욕망이든, 자만심이든, 오만함이든, 질투심이든 간에 말이다. 당신은 "명상부터 좀 더 하고 그 문제는 나중에 처리하겠다."라고 말해서는 안 된다. 가장 불결한 문제를 다룬다는 말은 당신의 문제 중 가장 두드러진 것에 대처한다는 뜻이다. 닭똥에 대처하기 보다는 닭 자체를 다루려고 해야 하는 것이다.

만일 우리의 특정한 신경증과 연관된 철학적ㆍ형이상학적ㆍ시적ㆍ예술적ㆍ기술적 골칫거리가 있다면 우리는 그것들을 뒤로 미루지 말고 가장 먼저 *끄집어내야* 한다. 심리적 문제가 있다면 그 심리적 문제에 바로 대처해야 한다. 불교에서는 모든 법을 적용해 장애를 길들여야 하지만 그렇다고 특정한 결과에 이르려고 애써서는 안 된다고 가르친다. 이 주제의 의미는 두드러진 장애를 잡동사니 취급하지 말고 우선적으로 길들여서 정화시켜야 한다는 것이다. 우리는 마음속에서 가장 불결한 장애가 일어난다고 해도 단순하고 직접적으로 그것에 대처해야한다.

183

28. 성과에 대한 기대 내려놓기

이 주제는 수행으로 세계에서 가장 위대한 사람이 되겠다는 태도를 포기해야 한다는 뜻이다. 특히 당신은 참을성 없이 로종 수행으로 더 나은 사람이 되고자 하는 기대부터 품고 있을지 모른다. 당신은 당신에게 인상을 받은 추종자와 친구들이 모임에 더 많이 초대해 주기를 바라고 있을지 모른다. 이 주제의 요점은 그러한 모든 가능성을 포기해야 한다는 것이다. 그렇지 않으면 당신은 병적 자기중심주의자가 될 수 있다. 따라서 당신은 아직 제자를 받아들여서는 안 되는 것이다.

이 주제들을 수행하는 것은 일시적인 계시를 추구하거나 사람들의 문제를 진정시켜줄 수 있는 능력을 동원해 무언가 성취하려 하는 것과는 거리가 멀다. 당신은 강연을 통해 훌륭한 연설가가 되고, 다른 사람들의 신경증을 정복하여 탁월한 심리학자가 되었을지 모른다. 또한 여러 권의 책을 써서 위대한 문학가가 되고, 여러 음반을 발표해 유명한 음악가가 되었을지도 모른다. 그런 일들은 실재와 적절히 관계 맺고 실재와 접촉하는 태도를 다소간이나마 취했기 때문에 가능한 일이었다. 하지만 당신은 세상을 자신만의 특정한 양식에 굴복시키길 원한다. 그 욕구는 은밀하고 미묘한 것이겠지만 말이다.

당신은 이 같은 종류의 책략을 통해 깨달음마저 얻고 싶어 하고, 전문적 접근법에 의지하여 전문적 성취가가 되었다면 내면에 있는 불성에게 사기를 쳐서 은근슬쩍 깨달음을 얻을 수 있다고 생각하면서 수행도 같은 방식으로 접근할 가능성이 있다. 하지만 바로 이런 태도가 이 주제에서 지적하는 문제다. 이 경전의 주석서에서는 이생에서 행복 · 기쁨 · 명예 · 지혜를 추구하거나, 죽은 뒤 영광스런 해방을 얻겠다고 희망을 품는 태도는 문제가 될 수도 있다고 가르친다.

29. 독이든 음식 피하기

무아를 닦는 수행이 자아를 부풀리는 또 다른 수단으로 전락하기 시작한다면, 즉 자아를 포기함으로써 자아를 강화하는 수단이 된다면 그것은 독이 든 음식을 먹는 것과 같다. 그렇게 해서는 아무 효과도 없을 것이다. 사실 그러한 수행은 영원한 자각상태를 제공해 주기는커녕 죽음만을 가져다 줄 것이다. 왜냐하면 당신은 자아에 집착하고 있기 때문이다. 이처럼 좌선 수행이나 명상 후 수행을 하는 동기가 자기 증진이라면, 그것은 독이든 음식을 먹는 행위나 다를 바 없을 것이다. "가장 위대한 가르침에 따라 능력을 발휘하면서 제대로 앉아있기만 하면 난 세계 최고의 명상가가 될 거야." 이것이 바로 독이다.

이 주제는 아주 강력하다. 그것은 우리가 어떤 수행을 하든 그 수행이 개인적 성취와 연관되어 있다면, 즉 '종교적 유물론'의 성격을 띤다면 우리는 옳고 타인은 그르므로 신의 편에 선 우리가 그들의 잘못과 악을 정복해주어야 한다는 식의 개인적 특권의식과 연관된다면, 그런 종류의 불쉣(bullshit), 다시 말해 소똥 같은 태도는 독이 든 음식으로 간주해야 한다는 것이다. 그런 음식은 아름답고 먹음직스럽게 제공될지 모르지만 씹으면 냄새가 난다.

30. 지나친 예측하지 않기

이 주제를 문자 그대로 번역하면 "일관성을 버려라."는 식으로 될 것이다. 하지만 그것은 사실 "바보같이 충실하지 말라"는 뜻에 더 가깝다. 보통 사람들, 또는 세속의 사람들은 자기가 적이나 친구와 어떤 관계를 맺고 있는지 어느 정도 파악하고 있다. 그들은 친구에게 얼마만큼의 은혜를 빚지고 있는지 잘 알고 있다. 그것은 아주 예측하기 쉽다. 마찬가지로 누군가가 당신에게 고통을 주면 당신은 그것을 오래도록 기억하면서 분개할 것이다. 당신은 그 사람에게 앙갚음을 하고 싶어할 것이고, 그가 준 모욕을 10년 동안, 심지어는 20년 동안 잊지 않을 것이다.

이 주제에는 인상적인 역설이 내포되어 있다. 먼저 우리는 든든한 친구를 예로 들어볼 수 있다. 어떤 친구들은 아주 든든하다. 그들을 전통적이거나 구식이라고 표현할 수도 있을지 모른다. 어쨌든 당신이 그런 사람과 친구가 된다면, 그 친구는 당신의 우정을 항상 기억할 것이고, 당신들 간의 신뢰는 아주 오랜 기간 동안 지속될 것이다. 이처럼 믿음직한 친구와 관계를 맺는다면 당신은 항상 그와 맺고 있는 유대를 소중히 기억해야 한다. 하지만 누군가가 당신을 부당하게 대하거나 당신과 큰 갈등을 빚는다면 당신은 그 사람과 관련된 원한을 오래도록 품지 말아야 한다. 여기서 요점은 누군가와 맺은 안 좋은 관계를 기억 속에 저장해

두어서는 안 된다는 것이다. 이 주제는 다소 혼돈스러울지 모르지만 어쨌든 핵심은 적대감을 오래도록 품지 말고 통째로 포기하라는 것이다.

보통 우리가 하는 모든 행위는 예측 가능하다. 무언가 좋은 일이 일어나면, 예컨대 누군가가 우리에게 샴페인 한 병을 선물하면, 우리는 항상 식사 초대나 덕담 등으로 그 친절에 보답하려 한다. 이러한 관계 방식은 나쁜 일이 일어날 때도 마찬가지여서, 우리는 그때 우리가 어떻게 반응할지 대강 예측할 수 있다. 그리고 이 반응들을 중심으로 우리는 서서히 사회를 형성해 나아간다.

누군가가 우리에게 고통을 가할 기미가 보이면 우리는 대개 그들이 실제로 우리를 공격하거나 불친절하게 대할 때까지 기다린다. 우리는 그 사람이 우리에 대해 안 좋은 내용의 기사를 쓸 때까지 기다린다. 그런 식으로 우리는 그 사람을 적으로 만든다. 하지만 그것은 올바른 접근법이 아니다. 타인의 공격을 기다리기보다는 즉석에서 화해를 시도하는 것이 올바른 접근법이다. 상대방이 죄를 저지르거나 당신에 대한 공격성을 드러낼 때까지 기다리는 대신 그 자리에서 직접적으로 소통을 시도해야 하는 것이다. 전략적으로 기다리기보다는 직접 소통하는 것이 이 주석서가 가르치는 내용이자, 우리가 이 시점에서 실천하려고 시도하는 태도이다.

31. 타인을 나쁘게 말하지 않기

당신은 헐뜯는 말을 하여 다른 사람들의 잘못을 들춰내고 싶어한다. 설탕과 아이스크림을 발라 외관을 보기 좋게 치장했을지는 모르지만 당신은 내심 사람들을 깎아내리거나 복수를 하고 싶어한다. 다른 사람에 대해 험담하는 태도는 당신 자신의 미덕을 과시하고자 하는 욕구에 기반을 두고 있다. 당신은 다른 사람들을 깎아내려야 자신의 미덕이 드러날 것이라고 생각한다. 그들이 비교 대상이 될 수 있기 때문이다. 이것은 교육과 수행 모두에 적용된다. 당신은 다른 사람들보다 수행을 더 잘 닦았다고 생각하며 이렇게 말할지 모른다. "누구 누구는 사마타 수행시 집중을 유지하는 시간이 나보다 짧아. 따라서 내가 더 나아.", 또는 "누구 누구는 나보다 이론에 약해." 근본적으로 이러한 말들은 "저 사람은 멍청하고, 나는 그보다 우월해."라는 말을 에둘러하는 것에 지나지 않는다. 나는 이 주제가 아주 직설적이라고 생각한다.

32. 잠복한 채로 기다리지 않기

이 주제의 티베트 원어를 문자 그대로 해석하면 "잠복하지 말라"가 된다. 여기서 잠복이란 공격을 하기 위해 누군가가 넘어질 때까지 기다리는 태도를 말한다. 당신은 그 사람이 덫에 걸리거나 문제에 빠져들기를 기다린다. 당신은 그들에게 불운이 닥치기를 기다리고, 그것도 당신이 공격을 가할 수 있는 방식으로 불운해지기를 희망한다.

　누군가와 의견이 일치하지 않을 때, 당신은 보통 그 사람을 즉시 공격하지 않는다. 힘이 달리는 입장에 처하기를 원치 않기 때문이다. 대신 당신은 그가 실패하기를 기다렸다가 그때 가서야 공격을 가한다. 당신은 가끔 그의 조언자인 것처럼 위장한 채로 그를 공격하면서 그가 얼마나 비참한지 상대방에게 지적해 보인다. 당신은 말한다. "난 너에게 이 말을 해주려고 기다려 왔어. 지금 너는 완전히 무너져 있으니까 난 이 기회에 네가 그다지 훌륭하지 못하다는 점을 말해주려 해. 난 너보다 훨씬 좋은 위치에 있어." 이것은 일종의 기회주의적이며 강도들이나 취하는 접근법이다. 잠복한 채로 기다린다는 말은 이 강도식 접근법을 가리킨다. 이와 같은 일은 아주 자주 발생한다.

33. 고통스러운 지점까지 사태를 몰고 가지 않기

　이 주제는 당신이 느끼는 불만족과 고통과 비참함을 다른 누군가의 탓으로 돌리지 말고, 다른 사람들에게는 권력을 과시하려 들지 말라는 뜻이다. 그것이 가정 내 권력이든 언론권력이든 정치권력이든 간에, 그것을 다른 누군가에게 부과하려 해서는 안 된다는 것이다.

　이 주제는 사람들에게 굴욕감을 주지 않는다는 의미도 지닌다. 보티사트바 관념에는 길을 걸어가는 사람들의 힘을 북돋워 주어야 한다는 중요한 의미도 내포되어 있다. 하지만 당신은 길을 걸으면서 다른 사람들보다 훨씬 더 빨리 가려고만 할 수도 있다. 자기가 앞서 나갈 수 있도록 다른 사람들의 걸음을 늦추려할지도 모른다. 하지만 여기서는 그것과는 완전히 반대되는 태도를 계발해야 한다. 즉 당신은 걸음을 늦추고 다른 사람들과 함께 가야 한다는 뜻이다.

34. 나의 짐을 남에게 떠넘기지 않기

이렇게 말하는 것은 아주 쉽다.

"그건 내 잘못이 아냐. 그건 모두 네 잘못이야. 모든 건 항상 네 잘못이야."

이런 말은 아주 쉽게 할 수 있다. 하지만 그것은 의문의 여지가 있는 말이다. 당신은 자신의 문제들에 대해 개인적으로 솔직하고 진실되게 생각해봐야 한다. 상황을 촉발시키는 '당신'이 없다면 그 어떤 문제도 일어날 수 없기 때문이다. 당신이 존재하기 때문에 문제들도 일어남으로 그 짐을 다른 사람에게 떠넘기려 해서는 안 된다.

황소는 짐을 실어 나를 힘이 있다. 하지만 젖소에게는 그럴 힘이 없다. 따라서 이 주제의 요점은 자신의 무거운 짐을 당신보다 약한 누군가에게 떠넘기지 말라는 것이다. 황소의 짐을 젖소에게 떠넘기는 행위는 스스로 직접 문제에 대처하려 하지 않기 때문에 일어난다. 어떤 책임도 지고 싶어 하지 않기 때문에 당신은 비서나 친구, 또는 명령할 수 있는 누군가에게 문제를 그냥 패스해버린다. 영어권에서는 이런 태도를

'책임을 전가하기(passing the buck)'라고 부른다. 하지만 그렇게 하는 것은 별로 좋은 생각이 아니다. 우리는 이 삼사라 전체에 퍼진 혼돈을 줄이고 복잡한 문제를 덜 만들어내려고 시도하는 중이기 때문이다. 우리는 행정상의 문제들을 줄이고 골칫거리들을 해소하려고 노력해야 한다. 따라서 다른 사람들에게 도움을 달라고 요청할 수는 있지만 그들에게 책임을 전가시켜서는 안 된다. 황소의 짐을 젖소에게 떠넘기지 말라는 말은 그런 뜻이다.

35. 빠른 자가 되려고 애쓰지 않기

법에 대한 이해를 계발하고 법을 익혀 나아가기 시작할 때 수행자들은 가끔씩 일종의 경마식 접근법으로 굴러 떨어지곤 한다. 그들은 누가 가장 빠른지에 관심을 갖는다. 즉 마하무드라나 탄트라나 절대적 보리심과 관련된 가장 고차원적 의미를 이해한 자가 누구인지, 또는 숨겨진 가르침들을 이해하고 있는 자가 누구인지 등에 관심을 갖는 것이다. 그들은 누가 절을 더 빨리 하는지, 누가 더 잘 앉아 있는지, 누가 더 잘 먹는지, 누가 이런 저런 행위를 더 잘 하는지에 마음을 쓰는 등 항상 다른 사람들과 경쟁하려고 든다. 하지만 우리의 수행이 순전히 경주에 불과한 것으로 여겨진다면 그것은 문제가 된다. 그 모든 것이 실제적 수행이 아닌 하나의 게임으로 전락하기 때문이다. 그러한 수행자의 마음속에는 자애와 온화함의 씨앗을 찾아볼 수 없다. 그러므로 당신은 수행을 동료 학생들보다 앞서기 위한 수단으로 활용해서는 안 된다. 이 주제의 요점은 수행을 통해 명성과 영예를 성취하려고 하지 말라는 것이다.

36. 뒤틀린 행동하지 않기

뒤틀린 행동이란 당신이 어쨌든 결국 최상의 것을 얻으리란 사실을 알기 때문에 최악의 것에 자발적으로 지원하는 태도를 의미한다. 이것은 아주 비겁한 태도다. 당신은 당신의 스승과 학생, 삶의 상황 등 모든 것을 대상으로 처음부터 자신이 최상의 결과를 얻을 것을 알면서 항상 책임을 떠맡는 아주 자애로운 사람인 체 할 수 있다. 내 생각에 이것은 선행처럼 보이는 행위 뒤에 숨어있는 실제 동기인 일종의 여유와 과시를 폭로하고 있음으로 노골적인 주제이다.

뒤틀린 행동은 종교적 유물론의 한 형태이다. 그것은 자신의 이득을 위해 일 한다는 은밀한 동기를 항상 내포하고 있다. 예를 들어 자신에게 좋은 결과를 얻기 위해 일시적으로 무언가에 대한 책임을 떠맡을 수 있다. 또는 수행에서 무언가를 얻어내거나, 질병으로부터 스스로를 보호하기 위해 로종(lojong)을 매우 열심히 수행할 수도 있다. 이 주제는 수행으로부터, 그것이 즉각적인 것이든 장기적인 것이든, 개인적 이득을 얻어내려는 태도를 내려놓는 과정을 통해 훈련된다.

37. 신을 악마로 만들지 않기

이 주제는 고통에 머물러 있는 우리의 일반적 경향성, 즉 끊임없이 불평하면서 살아가는 우리의 경향성에 대해 말한다. 즉 본질적으로 즐거운 것을 고통스러운 것으로 만들지 말라는 것이다.

이 시점에서 당신은 자기 자신을 어느 정도 길들이는 데 성공하고, 자신과 다른 사람을 교환하는 통렌 수행을 계발한 뒤 그 성취가 진실된 것이라고 느끼고 있을지 모른다. 하지만 당신이 그 모든 것 때문에 오만해진다면 당신의 성취에는 악한 의도가 배어들기 시작할 것이다. 자신을 과시할 수 있다고 생각하기 때문이다. 그런 식으로 다르마는 아다르마, 즉 법 아닌 것으로 변색된다.

비록 당신의 성취가 올바른 형태의 성취이고, 실제로도 아주 좋은 경험을 했다 하더라도, 그 성취를 자기 자신을 증명하고 자아를 부풀리는 수단으로 간주한다면, 문제가 일어날 것이다.

38. 자신의 행복을 위해 타인의 고통을 바라지 않기

이 주제는 아주 단순하다. 즉 다른 사람의 고통에서 이득을 얻어낼 수 있다는 생각 때문에 타인의 고통을 바라게 될 수도 있다는 것이다. 아주 간단한 예를 들자면, 당신은 명상용 방석을 물려받고 싶어서, 또는 만일 당신이 금강승 수행자라면 종과 도르제(dorje)를 물려받고 싶어서

승단의 구성원 중 한 명이 죽길 바랄 수 있다. 이 논리를 다양한 상황들로 확장시켜 볼 수도 있겠지만 그렇게까지 할 필요는 없을 듯하다.

우리는 다른 사람들의 고통 위에 우리 자신의 행복을 구축해서는 안 된다. 누군가의 불운이 우리에게 이득을 가져다준다 하더라도 우리는 그런 상황을 소망해서는 안 되고, 그 일이 일어났을 때 우리가 얻어낼 수 있는 이득을 탐내서도 안 된다. 고통 위에 세워진 행복은 가짜 행복이기 때문에 결국에 가서는 우울감만 일으킬 것이다.

일곱 번째 지혜

마음 훈련을 위한 지침

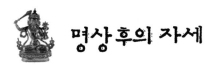 # 명상 후의 자세

마음 훈련을 위한 지침들은 일상을 통해 수행을 더욱 진전시키는 법과 관련된다. 이 주제는 관계 상황과 일반적인 명상 후 경험 상황에서 적절한 태도를 취하는 법과 연관성을 지닌다.

39. 하나의 의도로 모든 활동하기

여기서 한 가지 의도란 온화한 태도로 다른 사람들을 대하며 항상 그들을 돕겠다는 의지를 지니는 것을 말한다. 이 태도야말로 보티사트바 서원의 정수일 것이다. 앉던 걷던 먹던 마시던 자던, 또는 그 무엇을 하던 간에 당신은 항상 지각 있는 모든 존재를 이롭게 하겠다는 태도를 지녀야 한다.

40. 하나의 의도로 모든 잘못을 바로잡기

혹독한 병고, 명예의 손상, 법정 소송, 경제적 위기, 번뇌의 증가, 수행에 대한 반감 등과 같은 악조건 속에 빠져 있다면, 당신은 당신과 같은 고뇌를 겪고 있는 모든 존재들을 대상으로 자비심을 계발해야 하고, 로종 수행을 통해 그들의 고통을 떠맡고자 하는 열망을 품어야 한다.

우리는 우리가 경험하는 모든 부정과 악한 환경들을 바로잡고 극복해 내야한다. 그와 같은 악조건과 문제들이 일어났다고 해서 수행에 대해 부정적 태도를 갖고 포기하지 말고 맞서서 극복해내야만 한다. 다시 말해 여건이 좋을 때는 수행을 열심히 하고 여건이 나쁠 때는 수행을 포기하는 식으로 해서는 안 되는 것이다. 상황이 좋던 나쁘던 상관 없이 꾸준히 수행을 계속해 나가야 한다.

모든 잘못을 바로잡는다는 말은 그 번뇌를 밟고 올라선다는 뜻이다. 수행하기 싫다는 생각이 들 때마다, 악한 환경이 들이닥쳐 당신을 밀어 내려 할 때마다 그 생각을 밟고 올라서 수행을 하라는 것이다. 지금 우리는 번뇌를 고의적·즉각적으로 아주 급작스럽게 억압하는 법을 배우는 중이다.

41. 하루의 시작과 끝, 한 가지씩 하기

이 주제의 요점은 하루의 시작과 끝 무렵에 두 종류의 보리심을 품는 습관을 들이라는 것이다. 당신은 아침에 보리심을 기억해 낸 뒤 그 마음가짐에서 떨어져 나오지 않겠다고 다짐해야 하고, 저녁에는 하루 동안 그 일을 제대로 실천했는지 점검해 보아야 한다. 만일 두 종류의 보리심에서 떨어져 나오지 않았다면, 당신은 마땅히 기뻐해야 하고, 다음 날에도 같은 태도를 취하겠다고 서약해야 한다. 그리고 만일 보리심으로부터 떨어져 나왔다면, 다음 날에는 보리심과의 연결을 회복하겠다고 다짐해야 한다.

이 주제는 아주 단순하다. 그것은 당신의 삶이 다른 사람을 자신보다 우선시하겠다는 서약과 두 종류의 보리심을 향한 헌신에 의해 위아래로 감싸져 있다는 것을 의미한다. 아침에 일어나 하루를 시작하기에 앞서 당신은 두 종류의 보리심을 일깨우고 당신 자신과 다른 사람들을 향해 온화한 태도를 취하겠다고 약속한다. 당신은 세상과 지각 있는 다른 존재들을 비난하지 않겠다고 약속하고 그들의 고통을 스스로 떠맡겠다고 약속한다. 그리고 잠자리에 들기 전에도 당신은 같은 다짐을 반복한다. 그러면 수면과 다음날 아침 시간이 그 서약의 영향을 받게 될 것이다. 이것은 아주 직접적인 지침이다.

42. 둘 중 어떤 일이 일어나든 감수하기

기쁜 일이나 고통스러운 일, 그 어떤 일이 일어나든 간에 그것 때문에 수행이 흔들려서는 안 된다. 당신은 끊임없이 인내를 유지하며 지속적으로 수행을 계속해 나가야 한다. 극단적 행복에 젖어 있든, 극단적 고통에 빠져 있든 상관없이, 당신은 인내심을 발휘해야 한다. 당신의 현재 극단적 고통은 전에 지은 카르마의 결과로 여겨야 한다. 그러면 양심의 가책을 느낄 필요가 없게 된다. 그저 악한 행위와 무지를 정화하기 위해 노력하기만 하면 된다. 극단적 행복 또한 전에 지은 카르마의 결과이다. 따라서 그것에 탐닉할 이유는 아무것도 없다. 당신은 자신의 풍요와 덕을 나누려 해야 하고, 내면에서 감지되는 진실성과 힘의 느낌은 덕으로 녹아들게 해야 한다.

학생들은 혼란스럽고 난처한 지경에 빠질 때마다 시야를 잃고는 주변에서 일종의 희생양을 찾으려고 애를 쓰는 경향이 있다. 예컨대, 그들은 수행을 유지하지 못하는 자신의 무능력을 정당화하기 위해 온갖 종류의 구실들을 고안해 낸다. 환경이 나쁘다거나, 수행을 같이 하는 동료들이 나쁘다거나, 수행 스케줄이 나쁘다는 등 온갖 불만들을 쏟아내기 시작한다. 극단적인 경우 사람들은 법에 관심 없는 자들에게서 다시 위안을 구하기도 하고, 자신의 존재가 인정받을 수 있는 환경으로 되돌아가려 하기도 한다. 이 주제의 중심 의미는 상황이 좋던 나쁘던 간에 인내심을 가지고 수행을 유지할 수 있도록 자기 자신을 훈련시키라는 것이다. 즉 여기서 중요한 것은 좀 더 시간적 여유를 가지고 참고 인내하는 것이다.

43. 이 두 가지는 목숨을 걸고라도 지키기

당신은 헌신하기로 서약한 규율들, 그 중에서도 특히 불교에 귀의한다는 서원과 보티사트바로 살겠다는 서원을 지켜야 한다. 당신은 품격 있는 불교도로서의 생활방식을 지켜야 하고, 나아가 마음훈련, 즉 로종 수행과 관련된 특별한 규율들도 지켜야한다. 이 로종 수행은 당신 삶의 아주 중요한 부분으로 자리잡아야 한다.

탄트라 수행자들에게는 이 주제가 이번 생과 앞으로의 생을 거치면서 세 가지 수레의 규율들을 지킨다는 의미로 다가온다. 여기에는 불교의 일반적 규율들이 포함되고 로종 수행의 규율들도 포함된다. 당신은 목숨을 걸고서라도 그 인연, 즉 사마야(samaya)를 항상 유지해야한다.

44. 세 가지 어려움을 잘 다루는 훈련하기

세 가지 어려움은 우리 자신의 번뇌나 신경증과 관계하는 법과 관련되어 있다. 첫 번째 어려움이란 당신 자신의 감정, 즉 번뇌에 휘말려드는 순간을 깨닫기가 힘들다는 것이다. 감정이 활용하는 책략을 바라보고 이해해야 하는데 이것이 아주 어렵다. 두 번째 어려움이란 감정에 휩

쏠린 상태에서 빠져나오기가 힘들다는 것이다. 그리고 세 번째 어려움 이란 감정에 계속 빠지지 않도록 그 뿌리를 뽑는 일이 힘들다는 것이다. 바꿔 말하면, 먼저 자신의 신경증을 인식하는 일이 아주 어렵고, 그 다음 그것을 극복하기가 아주 어려우며, 또한 그것을 근절시키기가 아주 어 렵다는 말이다. 우리는 이것을 세 가지 어려움이라 부른다.

이 어려움이 일어나면 당신은 먼저 그것을 신경증으로 알아 차려야 한다. 신경증은 근본적으로 이기심으로부터, 즉 자기를 너무 중요시하 는 태도로부터 오는 것임을 알아차려야 한다. 그런 뒤 그것을 극복하도 록 해주는 방편이나 해독제를 활용해야 한다. 해독제란 자아를 떨쳐버 리는 조처를 의미한다. 그리고 마지막으로 당신은 신경증을 따라가지 않고, 그것에 계속 매혹당하지도 않겠다는 결단을 내려야 한다. 여기에 는 급작스럽게 신경증을 극복하는 느낌이 수반된다.

이 모든 활동은 여섯 가지 범주로 정리된다. 첫째 번뇌를 인식하는 어려움, 둘째 번뇌를 극복하는 어려움, 셋째 번뇌를 근절시키는 어려움 이 있다. 그리고 우리가 해야 할 일에는, 첫째 번뇌를 인식하는 것, 둘째 번뇌를 극복하려 애쓰는 것, 셋째 다시는 그런 번뇌를 즐기지 않겠다고 맹세하는 것이 있다.

보티사트바의 이념과 관계 맺는 것, 또는 그와 비슷한 기념비적 개념 과 관계 맺는 것은 아주 어려운 일이다. 따라서 주제는 "세 가지 어려움 을 잘 다룰 수 있도록 훈련"하라고 말한다. 당신이 로종 수행을 기꺼이 한다면 당신의 마음은 완전히 훈련될 것이고, 보티사트바의 사고방식으 로 완전히 세뇌당할 것이다. 사실 로종(lojong)은 '세뇌'를 뜻한다. '로'는

'지성'을 의미하고 '종'은 '정화', 또는 '훈련'을 뜻하기 때문이다. 이처럼 이 수행의 중심 의도는 불성, 보리심, 여래성이라 불리는 견고한 원리에서 떨어져 나가지 않도록 자기 자신을 세뇌시키는 것이다.

45. 세 가지 중요한 원인 일으키기

여기서 '원인'이란 당신을 훌륭한 법의 사람, 즉 보티사트바로 만들어 주는 원인을 지칭한다. 이 중 첫 번째 원인은 좋은 스승을 갖는 것이고, 두 번째 원인은 당신의 마음과 품행에 법을 계속 접촉시키는 것이며, 세 번째 원인은 안정되게 법을 수행할 수 있도록 집과 음식을 마련해 두는 것이다. 당신은 이 세 가지 상황을 조성하고 유지하려 노력해야 하고, 자신에게 그런 기회들이 주어졌다는 사실에 기뻐할 줄 알아야 한다.

첫 번째 원인은 실제로 자신을 이끌어 줄 스승이 필요하다는 점을 깨달음으로써 일으켜진다.

그리고 두 번째 원인은 자신의 마음을 길들여야 한다는 점을 깨달음으로써 일으켜진다. 예컨대 당신의 마음은 사업을 하거나, 가르치거나, 책을 쓰는 데 몰두하고 있을 수도 있고, 우스꽝스런 성질을 띤 기념비적 경험을 하는 데 몰두하고 있을 수도 있다. 당신은 자기 삶을 놓고 온갖 종류의 야심을 품을 수 있다. 잠곤 콩튤이 주제에 주석을 달던 시절에는 이와 같은 태도가 그렇게 흔하지 않았지만, 오늘날에는 선택의 폭이 훨씬 넓어졌다. 당신은 탁월한 불교도가 되거나, 탁월한 보티사트바가 되거나, 탁월한 저자가 되거나, 탁월한 창녀가 되거나, 탁월한 사업가가 되면 만족할 수 있을 것이라고 생각할지 모른다. 하지만 그런 마음 상태, 그런 유형의 야심은 그다지 좋지 못하다. 그 대신에 당신은 다음과 같은 말이 흘러나오는 마음 상태에 도달하려 해야 한다. "나는 나 자신을 법에 완전히, 전적으로 몰두시키고 싶다."

마지막으로 세 번째 원인은 자신이 알맞은 환경에 처해 있고, 삶에 대해 열린 태도를 취하여 어느 정도 생계수단도 마련해두었기 때문에 이제 마음 놓고 법을 수행할 수 있다는 점을 깨달음으로써 일으켜진다. 음식과 옷과 집을 잘 마련해 놓았으므로 수행에 전념할 경제적 여유가 있는 것이다.

이처럼 당신은 ① 스승과의 관계 형성, ② 마음의 훈련, ③ 수행을 위한 경제적 기반 마련이라는 세 가지 원인을 일으킬 수 있도록 노력해야 한다.

46. 세 가지 중요하게 신경쓰기

시들지 않도록 지켜야할 첫 번째 것은 스승, 또는 영혼의 친구(kalyanamitra)에 대한 헌신이다. 스승을 향한 경배와 헌신과 감사가 줄어들어서는 절대 안 된다. 시들지 않도록 지켜야할 두 번째 것은 로종, 즉 마음 길들이기를 기쁘게 수행하는 태도이다. 마음 훈련과 같은 가르침을 받은데 대한 감사의 마음이 줄어들어서는 절대 안 된다. 시들지 않도록 지켜야할 세 번째 것은 당신의 행실, 즉 소승과 대승의 수행에 대한 헌신이다. 소승과 대승의 가르침에 대한 훈련이 느슨해져서는 절대 안 된다.

이 주제의 어조는 절제된 명령조이다. 대승의 수행을 하는 이 시점에서 우리는 기본적인 힘을 다시 회복할 필요가 있다. 경솔하고 태평한 상태에 머무는 대신 우리는 기본적인 힘과 에너지를 다시 불러일으켜야 한다.

47. 세 가지가 분리되지 않도록 지키기

당신은 전심을 다해 로종 수행을 해야 한다. 당신의 몸과 말과 생각이 로종 속에서 한데 융합되도록 해야 한다.

48. 선입견을 버리고 수행하기

항상 전심을 다해 충분히 수행하는 것이 결정적으로 중요하다.

당신은 로종 수행에 모든 사람과 모든 대상을 포함시켜야 한다. 편견을 버리고 철저히 수행하면서 경험 속에 등장하는 그 무엇도 배제하지 않는 태도가 아주 중요하다.

49. 화를 일으키는 모든 것에 대해 명상하기

항상 가장 곤란한 문제에 직면하면 명상을 첨부시켜야 한다. 어려움이 일어나는 그 순간 바로 명상을 시작하지 않으면 그 어려움을 극복하기가 아주 힘들어진다.

50. 외부 환경에 휘둘리지 않기

외부 환경이 다양하게 변하더라도 그것 때문에 수행이 영향을 받아서는 안 된다. 아프던 건강하던, 부유하던 가난하던, 명예를 얻던 불명예를 얻던 상관없이 당신은 로종을 수행해야한다. 그건 아주 간단하다. 상황이 좋다면 그것을 내쉬고, 상황이 나쁘다면 그것을 들이쉬면 된다.

51. 중심이 되는 사항들 익히기

'이번에는'이란 이번 생을 뜻한다. 당신은 과거에 많은 생을 낭비해왔고, 미래에는 수행 기회를 얻지 못할지도 모른다. 하지만 지금 인간으로 태어나 법을 들은 당신은 그렇게 할 수 있다. 그러므로 당신은 더 이상의 시간을 낭비하지 말고 중심이 되는 사항들을 수행해야한다.

중심 가르침은 첫째 다른 사람들의 이득이 당신 자신보다 더 중요하고, 둘째 스승의 가르침을 수행하는 것이 분석적 탐구보다 더 중요하며, 셋째 보리심을 수행하는 것이 그 어떤 다른 수행보다 더 중요하다는 세 가지 요점으로 구성된다.

52. 오해하지 않기

수행을 하면서 왜곡하거나 오해할 소지가 있는 여섯 가지 요인에는 인내, 동경, 흥분, 자비, 우선순위, 기쁨이 있다. 먼저 인생의 모든 것을 인내하면서 법은 인내하지 못하는 것은 인내에 대한 오해이다. 그리고 동경에 대한 오해는 쾌락과 부에 대한 동경은 키우면서 법을 적절하고 철저하게 수행하는 것에 대한 동경은 불러일으키지 않는 것이다. 흥분에 대한 오해는 부와 오락거리에는 흥분하면서 법을 탐구하는 것에는 흥분하지 않는 것이다. 또한 법을 수행하기 위해 고난을 견디는 사람들에게는 자비로우면서 악행을 일삼는 사람들에게는 무관심하거나 자비롭지 않게 대하는 것은 자비에 대한 왜곡이다. 그리고 왜곡된 우선순위란 이기심으로 인해 세속적 이득을 가져다 주는 일은 열심히 하지만, 정작 법은 수행하지 않는 태도를 의미한다. 마지막으로 왜곡된 기쁨은 적에게 슬픔이 닥친 것은 기뻐하면서 삼사라를 넘어서는 즐거움과 덕은 기뻐하지 않는 것이다. 당신은 이 같은 여섯 가지의 오해를 모두 완전히 해소해야 한다.

53. 동요하지 않기

수행을 향한 당신의 열정에는 흔들림이 없어야 한다. 만일 당신이 어떤 때는 수행을 하고 다른 때는 하지 않는다면, 법에 대한 확신이 생겨나지 않을 것이다. 그러므로 너무 많이 생각하지 말고 마음 훈련에만 전력을 다해 집중하라는 것이다.

54. 전심을 다해 수행하기

당신 자신과 당신의 수행을 온 마음을 다해 신뢰하며, 흐트러짐 없이 한 마음으로 로종만 훈련하라는 것이다.

55. 스스로를 해방시키기

당신 마음을 단순하게 관찰하고 분석해야 한다. 그 두 가지 행위를 통해 번뇌와 자아에 대한 집착으로부터 해방되어야 한다. 그러고 나면 당신은 로종 수행을 할 수 있을 것이다.

56. 자기 연민에 빠지지 않기

자기 자신을 안쓰럽게 여기지 말아야 한다. 누군가가 성공을 하거나 백만 달러를 물려받는다 해도 자기 상황과 비교하고 우울해하며 시간을 낭비하지 말라는 것이다.

57. 질투하지 않기

다른 누군가가 칭찬을 받는다 해도 시기하지 말아야 한다.

58. 조잡한 행동을 하지 않기

당신 친구의 성공에 조잡한 질투심을 드러내지 말아야 한다. 아는 사람이 탐나는 새 넥타이나 블라우스를 입었다고 해서 그 결점을 지적하려 해서는 안 된다. "그래, 멋있어요. 그런데 얼룩 묻었네요." 이런 반응은 상대를 짜증나게 만들기만 할 것이고, 당신 수행에 아무 도움도 안 될 것이다.

59. 찬사를 기대하지 않기

다른 사람들의 칭찬을 기대하지 말고 그들이 당신을 위해 잔을 들어 주길 기대하지도 말아야 한다. 좋은 일을 하고 훌륭히 수행했다 해도 그 것을 인정받으려 애쓰지 말라는 것이다.

맺음 시구

다섯 가지 어둠의 시대가 도래 하면
이 방편을 활용해 그 시대를 깨달음의 길로 변형시키라.
이것은 수바르나드비파(suvarnadvipa)의 현자로부터
전해 내려온 암리타(amrita), 즉 구전 가르침의 정수이니라.

전생에 한 수행의 카르마를 일으키고
강렬한 헌신을 통해 힘을 부여받았으니,
나는 불운과 비방에 신경 쓰지 않고
자아에 대한 집착을 길들이는 구전 가르침을
받아들일 것이다.
이제 나는 죽어도 후회하지 않으리라.

■ 이 두 시구는《일곱 가지 마음 훈련에 관한 근본 경전》의 저자인 게셰 체카와 예셰 도르제의
마무리 논평이다.

보리사트바가 실수하는
46가지 방식

덕의 실현을 방해하는 46가지 언동

• 관대함 바라밀에 모순되는 언동

물질을 베푸는 관대함에 모순되는 언동

    1. 삼보에 공양하지 않음

    2. 소유욕에 굴복함

불안을 제거하는 관대함에 모순되는 언동

    3. 더 경험 많은 사람을 존중하지 않음

    4. 질문에 답변을 주지 않음

다른 사람들의 관대함을 가로막는 언동

    5. 타인의 초대를 받아들이지 않음

    6. 화를 내며 선물을 거절함

법을 제공하는 관대함에 모순되는 언동

    7. 법을 원하는 자들에게 가르침을 베풀지 않음

- 규율 바라밀에 모순되는 언동

    다른 사람을 이롭게 하라는 규율에 모순되는 언동

    1. 규율을 지키지 자들을 거절함

    2. 학문을 계발하지 않음(학문은 다른 사람들의 믿음을 고양시켜준다.)

    3. 지각 있는 존재들의 이득을 위해 노력하지 않음

    4. 자비의 행사를 위해 악행이 필요하기에 그것이 허용된 상황에서

       자비를 품고 있으면서도 악행을 하지 않음

    자기 자신을 이롭게 하라는 규율에 모순되는 언동

    5. 다섯 가지 그릇된 생계 수단을 기꺼이 받아들임

    6. 분별없이 탐닉함

    7. 욕망과 집착으로 인해 삼사라에 머무름

    다른 사람과 자기 자신을 이롭게 하라는 두 규율 모두에 모순되는 언동

    8. 나쁜 평판을 받지 않도록 조심하지 않음

    9. 번뇌를 제어하지 않음

- 인내 바라밀에 모순되는 언동

    1. 수행자가 실천해야 할 네 가지 법을 수행하지 않음(저주를 저주로, 분

       노를 분노로, 공격을 공격으로, 모욕을 모욕으로 되갚지 않기)

    2. 자신에게 화가 난 사람들에게 평화롭게 대응하는 대신 그들을 거

절함

3. 다른 사람의 사과를 받아들이지 않음

4. 화에 굴복함

• 발휘 바라밀에 모순되는 언동

1. 명성과 재산을 위해 추종자를 끌어 모음

2. 나태 등을 극복하지 않음

3. 분주함과 잡담에 빠져듦

• 명상 바라밀에 모순되는 언동

1. 삼매(samadhi)에 이르도록 해주는 가르침을 구하지 않음

2. 명상을 흐려놓는 것들을 포기하지 않음

3. 명상 경험을 좋은 것으로 보고 그것에 집착함

• 지혜 바라밀에 모순되는 언동

사소한 것들과 관련된 실수

1. 쉬라바카야나(shravakayana, 소승을 뜻함-옮긴이)를 존중하지 않고 그것

을 거절함

2. 자기가 속한 전통인 대승불교를 버리고 쉬라바카야나에 전념함

3. 마찬가지 방식으로 불교 이외의 문헌을 공부함

4. 대승에 전념하긴 하지만 쉬라바카야나와 불교 이외의 문헌을 더

   선호함

뛰어난 것들과 관련된 실수

5. 대승의 독특한 특징들에 흥미를 갖지 않음

6. 자만과 나태 등으로 인해 성스러운 법을 추구하지 않음

7. 자기 자신을 추켜세우고 다른 사람들을 얕봄

8. 글의 의미가 아닌 말 자체에 의지함

지각 있는 존재들을 이롭게 하는 일에 모순되는 12가지 언동

- 일반 사항

  1. 어려운 사람들을 돕지 않음

  2. 병자를 돌보지 않음

  3. 다른 사람들의 괴로움을 제거해주지 않음

  4. 경솔한 자들을 교정해주지 않음

- 특수 사항

  도움을 주지 않는 실수

  1. 친절에 보답하지 않음

  2. 다른 사람들의 고통을 제거해주지 않음

  3. 도움을 줄 수 있음에도 어려운 사람들에게 베풀지 않음

4. 주변 사람들을 이롭게 하지 않음

5. 다른 사람들이 지키는 관례를 받아들이지 않음

6. 훌륭한 자질을 지닌 자들을 칭찬하지 않음

제압하지 않는 실수

1. 타락한 길을 걷는 자들을 제압하지 않음

2. 특수한 방식으로 길들여져야 할 자들에게 기적과 고차원적 인식을
   활용하지 않음

■ 잠곤 콩툴 성하의《지혜의 보고(Treasury of Knowledge)》에서 발췌하여 날란다 번역 위원회
  가 번역함

217

용어 해설

감포파(1079~1153): 카규파의 다섯 번째 전수자이자 요기 밀라레파의 가장 탁월한 제자. 감포파는 아티샤의 카담파식 가르침과 인도 스승 틸로파와 나로파로부터 전해 내려온 마하무드라의 전통을 결합시켰다.

겔룩: 티베트 불교의 4대 종파 중 하나. 개혁파로 알려져 있고, 지적 탐구와 분석을 중시한다.

금강승: '부술 수 없는 수레, 또는 길'이란 의미. 티베트 불교의 세 야나 중 세 번째에 해당함.

공: '비어있음', '개방성'이란 의미. 완전히 열려 있고, 얽매임 없는 마음의 명료성을 나타냄.

깨달음(bodhi): '깨어남'의 뜻. 깨달음의 길이란 혼돈으로부터 깨어나는 수단을 의미한다.

니르마나카야: '화신(化身)', '구현체'라는 뜻. 형상, 특히 인간 육신을 통해 깨달은 마음을 전달한다는 의미. 카야(kaya) 항목도 참조 바람.

닝제: '자비'라는 뜻. 문자 그대로는 '고귀한 가슴'이란 뜻을 지님. 산스크리트어 카루나(karuna)의 티베트 번역어.

다르마카야: '법신(法身)'이란 뜻. 얽매이지 않은 마음의 근본적 개방성, 또는 절대지를 나타낸다. 카야(kaya) 항목도 참조 바람.

다르마팔라: '법의 수호자'란 뜻. 혼란에 빠진 수행자를 일깨우기 위해 갑작스럽게 충격을 가하는 환기 장치. 다르마팔라는 미혹된 수행자를 다시 수행으로 되돌려 놓는 근본적 자각의 상징이다.

다섯 가지 어둠의 시대: 다섯 가지 어둠의 시대에는 ① 수명이 짧아지는 시대, ② 부패한 법에 기반한 세계관이 만연하는 시대, ③ 번뇌가 더 견고해지는 시대, ④ 지각 있는 존재들을 길들이거나 법으로 전향시키기 어려워지는 시대, ⑤ 질병, 기근, 전쟁이 끊이지 않는 시대가 포함된다.

대승(mahayana): '큰 수레'라는 뜻. 대승에서는 모든 현상의 비어있음(空), 자비심, 불성의 편재성에 대한 인식 세 가지를 강조한다. 대승은 보티사트바를 이상향으로 삼기 때문에, 종종 보티사트바의 길이라 불리기도 한다.

도르제: 능란한 방편[upaya]과 남성 원리를 상징하는 의례용 홀(笏)로서, 지혜(prajna)와 여성 원리를 상징하는 종과 함께 탄트라 수행에서 사용된다. 도르제와 종은 남성성과 여성성, 능란한 방편과 지혜의 불가분성을 나타낸다.

돈(don): '마군'이라고도 한다. 밖에서 들이닥치는 듯 보이는 신경증의 갑작스런 공격.

떨쳐냄(self liberate): 떨쳐냄이란 혼자 힘으로 즉시 자유로워진다는 뜻이다. "해독제조차 떨쳐버린다."라는 주제는 응고시킬 수 없는 공의 특성을 표현해 준다.

사마타: 알아차림 수행을 나타냄. 거의 대부분의 불교 종파에서 행해지는 기본적 명상 수행. 마음을 길들이는 것을 목표로 한다.

마하무드라: '위대한 상징'이란 뜻. 카규파의 주된 명상 전수 방식. 생생한 동시에 텅 비어있는 마음의 본질적 명료성과 주의력을 나타낸다.

마이트리: '사랑이 깃든 친절함', 또는 '친밀감'이란 뜻. 자비, 즉 카루나와 연관된 개념인 마이트리는 자기 자신과 친구가 되는 과정을 지칭하며, 이 과정은 다른 사람들에 대한 자비심을 계발하는 시작점 역할을 한다.

마이트리 바와나: 마이트리, 즉 사랑이 깃든 친절함에 대한 수행을 뜻함. 통렌 수행도 마이트리 바와나라고 불린다. 이 용어는 바즈라다투에서 병자들을 위해 매달 개

최하는 수행 프로그램 이름이기도 하다.

문수보살: 지혜와 학문의 보티사트바. 보통 지혜의 칼과 책을 든 모습으로 묘사된다.

마르파(1012~1097)**:** 카규파의 3번째 전수자로 나로파의 주된 제자. 역경가 마르파라고 널리 알려진 마르파는 카규파를 계승한 최초의 티베트인으로서 다수의 중요한 가르침을 인도에서 들여와 티베트에 소개했다.

밀라레파(1040~1123)**:** 떠돌이 요가 수행자의 전형을 보여준 밀라레파는 마르파의 주된 제자로서 카규파의 법을 4번째로 계승했다. 모든 티베트 시인들 중 가장 유명하다.

지각있는 어머니 존재들: 지각 있는 모든 존재들, 즉 모든 생명체들이 한때는 우리의 어머니였다는 사고방식을 나타내주는 전통적 문구.

바라밀: '반대편 해변으로 넘어간'이란 뜻. 보티사트바, 즉 깨달은 존재의 핵심 활동들을 나타냄. 여섯 바라밀로는 관대함, 규율, 인내, 발휘, 명상, 지혜(prajna)가 있음. 바라밀들은 이원론과 자아에 대한 집착을 넘어선 행위들이기 때문에 '초월적 행위들'이라 불리기도 한다. 따라서 이들은 카르마의 속박을 초월한다.

바르도: '사이 존재'란 뜻. 파르도(pardo)라고 쓰기도 함. 일반적으로 죽음과 다음 번 출생 사이의 중간 상태를 나타낸다.

근본적 선: 가장 기본적인 마음자리에서 발견되는 무조건적으로 선한 마음 상태. 알라야에 내재된 선을 나타낸다.

박양: 근심 없이 이완된 마음, 또는 긍정적 의미의 순진함을 나타내는 표현으로 근본적 선에 대한 믿음과 연관됨.

프라즈나: '초월적 지혜'라는 뜻으로 여섯 번째 바라밀이다. 프라즈나가 보티사트바 행위의 눈이라면 다른 다섯 바라밀들은 팔과 다리에 견줄 수 있다.

번뇌(klesha)**:** 정신적 독, 또는 혼동된 정서 상태를 뜻함. 다섯 가지 근본 번뇌에는 욕망이나 집착, 공격성, 망상이나 무지, 오만함, 시기가 있다.

마하칼라: 격노한 다르마팔라, 즉 법의 수호자. 탱화에서는 어둡고 분노에 찬 신격으로 묘사된다.

법(dharma): ① 가르침, 또는 진리란 뜻. 특히 고타마 붓다의 가르침들을 나타내며, 불법이라 부르기도 한다. ② 일반적 현상들이란 뜻.

비디야다라: '통찰을 지닌 자', 또는 '광기의 지혜를 지닌 자'라는 의미. 초걈 트룽파 린포체의 존칭.

보리심: '깨어난 마음, 또는 가슴'이란 뜻. 절대적 보리심은 공과 자비의 합일 상태로서, 깨어난 마음이 갖추어야할 필수 성질이다. 상대적 보리심은 궁극적 보리심을 일별한 결과 일어나는 부드러움으로서, 수행자의 수행을 자극하여 다른 사람들의 이득을 위해 일하도록 만든다.

보티사트바: '일깨우는 존재'라는 뜻. 보티사트바는 혼돈을 완전히 뿌리 뽑은 뒤, 지각 있는 모든 존재들을 일깨우거나 해방시키기 위해 자신의 삶과 행위를 바친다.

보티사트바의 길: 대승을 나타내는 다른 용어.

보티사트바의 서원: 보티사트바가 되고자 하는 열망을 나타내고, 모든 지각 있는 존재들을 위해 자신의 삶을 헌신하는 보티사트바의 길에 실제로 들어섰다는 사실을 나타내기 위해 취하는 공식적 서원.

불법: 법(dharma) 항목 참조.

사다나: 의례용 경전과 그 경에 따른 수행 모두를 지칭함. 아주 간단한 것에서부터 복잡한 것에 이르기까지 다양하며, 명상을 통해 마음을, 몸짓(mudras)을 통해 몸을, 만트라 염송을 통해 말을 제어하도록 훈련 한다.

사마야: '성스러운 말', 또는 '맹세'라는 뜻. 금강승불교의 특징인 헌신 행위를 표현하는 말이다. 이 헌신에 의해 학생은 규율과 스승과 그 스승의 온전성에 완전히 매이게 된다.

삼보가카야: '보신(報身)'이란 뜻. 자비와 소통으로 충만한 환경을 나타냄. 이 환경을 통해 다르마카야와 니르마나카야가 연결된다. 카야(kaya) 항목도 참조 바람.

삼판나크라마: 금강승에서 하는 사다나 수행의 두 단계 중 하나. 시각화(utpattikrama)를 해소한 수행자는 삼판나크라마, 즉 형상 없는 명상의 완성 단계에 노력 없이 머물

며 휴식을 취한다.

삼사라: 무지로부터 일어나고 고통을 특징으로 하는 존재의 악순환 고리.

승단: 세 가지 의지 대상(불 · 법 · 승) 가운데 세 번째 것. 좁은 의미에서는 불교 승려들만 지칭하고, 대승적 의미에서는 일반 신자를 포함한 수행자 집단 전체를 지칭한다.

샴발라: "샴발라의 가르침은 세상의 문제를 해결할 수 있는 지혜가 인간 내면에 기본적으로 잠재되어 있다는 믿음을 기반으로 한다. 이 지혜는 특정 문화나 종교에 국한된 것이 아니며, 서양이나 동양 중 어느 한쪽에만 속하는 것도 아니다. 그것은 전 역사를 통해 여러 문화권에 존재해왔던 인간의 전사적 기질을 대변해주는 전통이다." -초감 트룽파

셰첸의 잠곤 콩툴(1901?~1960): 초감 트룽파의 뿌리 스승으로 잠곤 콩툴 성하의 다섯 화신 중 한 명. "매우 유쾌한 분이다. 차별 없이 모든 사람들에게 친절했고, 아주 관대했으며, 심오한 이해를 탁월한 유머 감각과 함께 지니고 있었다. 그는 항상 다른 사람들의 고난에 동정적이었다."-초감 트룽파

소승(hinayana): '좁은 길'이란 뜻. 티베트 불교의 세 야나 중 첫 번째에 해당함. 소승의 길은 자신의 마음을 길들이고 다른 사람들에게 해를 끼치지 않음으로써 개인적 구원을 얻는데 초점을 맞춘다. 그것은 필수적으로 거쳐야할 시작점이다.

수가타가브하: 부술 수 없는 근원적 주의력, 즉 불성이란 뜻. 여래성과 유사한 의미. 여래성(tathagatagarbha) 항목도 참조 바람.

수바르나드비파의 현자: 아티샤의 스승 다르마키르티는 수마트라 섬에 살았는데, 이 섬의 산스크리트 명칭이 수바르나드비파, 즉 '황금의 섬'이었다. 따라서 그는 수바르나드비파의 현자라 불리곤 했다. 티베트에서는 다르마키르티를 셜링파, 즉 셜링(티베트어로 '황금의 섬')에서 온 사람이라 부른다.

쉬라바카야나: '듣는 자들의 길'이란 뜻. 쉬라바카야나는 가르침을 듣는 것을 통해, 그리고 사성제와 현상의 비실재성을 통찰해 내는 것을 통해 개인적 구원을 얻는데

초점을 맞춘다. 쉬라바카야나는 소승과 거의 동일한 의미이다.

스바바비카카야: '원초신(原初身)'이란 뜻. 총체적이고 광대한 경험, 즉 카야들의 전체성을 나타낸다. '카야(kaya)' 항목도 참조 바람.

스승(kalyanamitra): '영혼의 친구'란 뜻. 전해지는 바에 의하면 소승에서는 스승을 연장자로 보고, 대승에서는 영혼의 친구로 보며, 금강승에서는 금강의 정복자로 본다고 한다.

알라야: 편견을 여읜 마음의 근본 바탕

알라야 의식: 알라야에서 일어나는 알라야 의식은 여덟 번째 의식으로서, 편견이나 이원성의 씨앗이 미묘하게 싹트기 시작하는 지점에 해당된다. 그것은 그 자체로 삼사라의 뿌리이다.

암리타: 금강승 명상 수행에서 사용되는 축복받은 음료. 일반적으로 종교적 도취 상태를 의미하며, 가르침의 심오한 본질을 뜻하기도 한다.

관세음보살: 자비의 보티사트바.

야나(yana): '수레'라는 뜻. 불법의 길을 가는 학생의 진전 정도에 따라 나뉘는 지적 가르침과 실제적 명상 방편들의 복합체. 세 가지 주요 수레로는 소승·대승·금강승이 있음.

여래성(tathagatagarbha): 불성, 즉 모든 존재들의 깨달은 본성이란 뜻. '여래(tathagata)'는 붓다의 별칭이며, '성(garbha)'은 '본질'이란 뜻을 나타냄.

웃파티크라마: 시각화 수행. 금강승에서 하는 사다나 수행의 두 단계 중 하나. 이 수행을 하는 수행자는 탄트라의 특정 신격을 시각화함으로써 깨달은 마음을 불러일으킨다.

위빠사나: 자각 수행. 대부분의 불교 종파에서 시행되는 두 가지 주요 명상 중 하나.(다른 하나는 사마타 수행)

잠곤 콩툴 성하(1813~1899): 19세기 티베트의 주요 스승 중 한명으로《깨달음으로 향하는 넓은 길》이란 제목이 붙은 주석서의 저자이다. 잠곤 콩툴은 리메(ri me)라 불린 종교 개혁 운동의 지도자였다. 리메는 파벌주의에 반대하고 명상 수행을 강조했으며, 일상에 불교의 원리들을 적용하는 것을 중시했다.

진파: 관대함을 뜻함. 여섯 바라밀 중 하나.

카담: 카담파는 아티샤의 주요 제자였던 드롬톤파에 의해 설립되었다. 아티샤는 11세기에 티베트로 건너 와서 가르침을 편바 있다. 카담파의 가르침에서는 수도원 규율과 보리심 수행 및 자비심 수행이 강조된다.

카규: 티베트 불교의 4대 종파 중 하나. 카규파는 명상 훈련에 강조점을 두기 때문에 '수행의 종파'라고 알려져 있다.

카르마: '행위'를 뜻함. 카르마의 속박이란 표현은 자아에 대한 집착을 기반으로 행위하는 한 빠져 나오기가 점점 힘들어지는 인과의 사슬에 자신을 얽매이게 할 뿐이라는 사실을 나타낸다.

카루나: '자비'를 뜻함.

카야(kaya): '몸'을 뜻함. 책에 언급된 네 가지 카야는 인식의 네 가지 측면들을 지칭한다. 다르마카야는 개방성의 느낌이고, 니르마카야는 명료성의 느낌이며, 삼보가카야는 이 둘 간에 맺어지는 연관성의 느낌이다. 그리고 스바바비카카야는 이 전체에 대한 총체적 경험의 느낌이다.

탄트라: 금강승과 동의어. 티베트 불교의 세 야나 가운데 세 번째 것에 해당된다. 탄트라는 연속성이란 뜻을 지니며, 금강승의 근본 경전들과 그 경들에 묘사된 명상 체계 모두를 지칭한다.

통렌: 보내기와 받아들이기 수행. 자아에 대한 집착을 상쇄시키고 보리심을 일깨우기 위해 고안된 수행이다.

저자 소개

초감 트룽파 스님은 1939년 동부 티베트의 캄(kham) 지방에서 태어났다. 13개월이 막 되었을 무렵 초감 트룽파는 상급의 툴쿠, 즉 환생한 스승으로 인정받았다. 티베트 전통에 의하면 깨달은 스승은 자신이 세운 자비의 서원에 따라 수 세대에 걸쳐 인간의 형상으로 윤회를 거듭한다. 그런 스승들은 죽기 전에 다음번 환생 장소를 암시하는 글귀나 다른 실마리들을 남기기도 한다. 그러면 훗날 학생들과 다른 깨달은 스승들이 환생한 스승의 몸을 찾아내기 위해 그 실마리와 꿈, 환상 등을 주의 깊게 조사하는 작업에 착수한다. 이런 식으로 특정 가르침을 중심으로 한 법맥이 형성되며, 이 법맥은 때에 따라서는 수세기가 넘도록 이어진다. 초감 트룽파는 트룽파 툴쿠라고 알려진 법맥의 11번째 환생이다.

일단 툴쿠로 인정받은 아이들은 일정기간에 걸쳐 강도 높은 수행을 하며 불교 가르침의 이론과 수행을 익힌다. 트룽파 린포체('린포체'는 '고귀한 존재'라는 뜻의 존칭이다.)는 술망 사원 대수도원장 겸 술망 지사 자리에 임명된 후부터 1959년에 티베트를 떠날 때까지 18년 동안 수행에 몰두했다. 그는 카규파의 툴구였기 때문에 수행의 중심을 체계적인 명상 수행과 불교 철학에 대한 치밀한 탐구에 두었다. 티베트의 4대 종파 중 하나인 카규파는 보통 수행의 종파로 알려져 있다.

트룽파 린포체는 8살 무렵에 초보 수도승으로 계를 받았다. 계를 받은 후 그는 강도 높은 탐구에 몰두했고, 전통적 수도원 규율을 실천했으며, 서예, 탱화, 승무와 같은 기예를 익히기도 했다. 트룽파는 닝마파와 카규파의 대표적 스승들이었던 셰첸의 잠곤 콩툴과 켄포 걍샬(Khenpo Kangshar)을 뿌리 스승으로 두었다. 1958년 18살의 나이로 탐구를 완성한 트룽파 린포체는 '쿄폰(kyorpon, 신학 박사)'과 '켄포(khenpo, 철학 박사)' 학위를 수여받았고, 수도원 운영권도 완전히 넘겨받았다.

1950년대 후반은 티베트인들에게 엄청난 격동기였다. 중국 공산당이 무력으로 티베트를 점령하려한다는 사실이 명백해지자 많은 티베트인들이(수도승과 일반인 모두) 나라를 떠나기 시작했다. 트룽파 린포체도 여러 달에 걸쳐 고된 여행을 하며 히말라야를 넘어갔다.(그의 책《티베트 태생(born in tibet)》에 묘사되어 있음) 중국군의 추격을 힘겹게 따돌린 트룽파는 1959년 마침내 인도에 도착했고, 인도에 머무는 동안에는 어린 달라이라마의 가정교사로 임명되어 인도 댈하우지에서 종교적 조언자 역할을 수행했다. 그는 이 역할을 1959년에서 1963년까지 맡았다.

트룽파 린포체가 서구 문명과 처음 마주하게 된 것은 스폴딩 장학금(Spaulding sponsorship)을 받고 옥스퍼드 대학(Oxford University)에 들어가면서부터였다. 그는 옥스퍼드에서 비교 종교학, 철학, 예술 등을 공부했다. 또한 그는 일본식 꽃꽂이를 공부하여 소게츠 학교(Sogetsu School)에서 학위를 수여받기도 했다. 영국에 머무는 동안 트룽파 린포체는 서양 학생들에게 불법을 가르치기 시작했고, 1968년에는 스코틀랜드 덤프리스시어에 삼예 링 명상원(Samye Ling Meditation Centre)을 공동 설립했다. 그리고 이 기간 동안《티베트 태생(Born in Tibet)》과《행동의 명상(Meditation in Action)》(국내에는《행복한 명상》이란 제목으로 발간-옮긴이)이란 책 두 권을 영어로 처음 출간하기도 했다.

1969년 트룽파 린포체는 부탄으로 여행을 떠나 그곳에서 혼자 은거에 들어갔다. 이 은거 경험은 가르침에 대한 그의 접근법을 크게 바꾸어 놓는다. 여행에서 돌아오자마자 그는 승복을 벗고 일반인이 되었고, 평범한 서양식 의복을 입기 시작했다. 또한 그는 젊은 영국 여성과 결혼을 한 뒤 스코틀랜드를 떠나 미국으로 옮겨갔다. 그의 초기 제자들 가운데 많은 이들이 이런 변화에 충격을 받았고, 불쾌감을 드러내기도 했다. 하지만 트룽파 린포체는 동양 종교가 주는 매혹과 문화적 장식을 걷어낸 상태에서 불법을 가르쳐야 불교가 서양에 뿌리를 내릴 수 있다고 확신했다.

1970년대 미국은 정치적 · 문화적 혼란 상태에 빠져 있었다. 또한 이 시기는 서양인들이 동양에 매혹된 시기이기도 했다. 하지만 트룽파 린포체는 종교를 대하는 미국인들의 유물론적이고 상업적인 접근방식을 지적하며 그것을 '영성의 슈퍼마켓'이라고 비판했다. 그는 강연을 통해, 그리고《종교적 유물론 극복하기(Cutting Through Spiritual Materialism, 국내에는 《초감 트룽파의 마음공부》라는 제목으로 발간-옮긴이)》와《자유의 신화(The Myth of Freedom)》라는 두 권의 책을 통해 좌선 수행의 단순성과 직접성만이 종교적 여정에서 발생하는 그와 같은 왜곡을 막아줄 수 있다고 지적했다.

미국에서 17년에 걸쳐 가르침을 펴면서 트룽파 린포체는 정열적이고 논쟁을 불러일으키는 스승으로 명성을 떨쳤다. 영어에 능통했던 그는 통역자의 도움 없이 서양 학생들에게 직접 말할 수 있었던 최초의 라마들 가운데 한명이었다. 트룽파 린포체는 미국과 유럽 전역을 광범위하게 여행하면서 수백 회에 걸쳐 강연을 했고, 콜로라도 주 버몬트와 노바 스코샤에 주요 명상 기구들을 설립했으며, 미국과 유럽의 여러 도시들에 다수의 소규모 명상원을 세우기도 했다. 1973년에는 이 시설들을 관리하기 위해 바즈라다투라는 중앙 기구가 조직되었다.

1974년 트룽파 린포체는 미국 내에서 유일하게 불교대학으로 공인 받은 나로파 대학(Naropa Institute)을 설립했다. 그는 나로파에서 광범위하게 강연 활동을 벌였다. 그의 책《목표 없는 여행(Journey without Goal)》은 이곳에서의 가르침을 담고 있다. 또한 그는 1976년 샴발라 훈련 프로그램(Shambhala Training program)을 계획했는데, 이는 평신도들이 명상 수행을 할 수 있도록 지도해주는 주말 프로그램과 강연회 등으로 구성되어 있었다. 그의 책《샴발라, 성스러운 전사의 길(Shambhala: The Sacred Path of the Warrior)》은 샴발라의 가르침을 개괄적으로 제시해준다.

1976년 트룽파 린포체는 오셀 텐진(Osel Tendzin, 토머스 리치)을 섭정, 즉 후계자로 임명했다. 오셀 텐진은 바즈라다투와 샴발라 훈련 기구에서 트룽파 린포체와 긴밀히 협력해가며 일했다. 그는 1976년에서부터 1990년 사망할 때까지 광범위하게 가르침을 폈고,《손바닥 안의 붓다(Buddha in the Palm of Your Hand)》라는 책을 저술했다.

트룽파 린포체는 티베트 경전 번역에도 열의를 쏟았다. 그는 프란체스카 프리맨틀(Francesca Fremantle)과 함께《티베트 사자의 서(The Tibetan Book of the Dead)》를 새롭게 번역하여 1975년에 출판했다. 훗날 트룽파 린포체는 중요한 경전과 의례서를 자신의 학생들과 대중들에게 알리기 위해 날란다 번역 위원회를 설립하기도 했다.

1979년 트룽파 린포체는 자신의 아들 오셀 랑드롤 묵포(Osel Rangdrol Mukpo)를 샴발라 법계의 계승자로 임명했다. 그리고 1995년 닝마파의 수장인 페놀(Penor) 린포체 성하는 그를 샤콩(Sakyong), 즉 '땅의 수호자'로 즉위시켰다. 그는 현재 샤콩 미팜(Sakyong Mipham) 린포체로 알려져 있다.

트룽파 린포체는 예술에 관심을 가졌던 것으로도 유명하다. 그는 관상적 수행과 예술 창작 과정 간 관계에 대한 탁월한 통찰을 지니고 있었으며, 서예·회화·꽃꽂이·시·희곡·설치미술 등과 같은 다양한 작품을 남겼다. 또한 그는 나로파 대학에 예술 교육 환경을 조성하여 많은 주도적 예술가와 시인들을 매혹시키기도 했다. 관상 훈련의 관점에서 예술 창작 과정을 탐색하는 이 프로그램은 아직까지도 도발적인 화두로 남아 있다. 트룽파 린포체는《무드라(Mudra)》와《처음 떠올린 생각이 가장 좋은 생각(First Thought Best Thought)》이라는 두 권의 시집도 남겼다.

트룽파 린포체의 책들은 그가 남긴 풍부한 유산의 단편에 지나지 않는다. 미국에서 17년 간 가르침을 펴면서, 그는 법을 철저하고 체계적으로 훈련하는데 필요한 수행 체계를 구축했다. 입문격의 대화에서부터 단체 은거 수행에 이르기까지 다양하게 마련된 이 프로그램들은 학습과 수행, 지성과 직관의 균형을 강조한다. 학생들은 숙련 정도에 관계없이 이 다양한 형태의 훈련 과정을 통해 명상과 불교의 접근법에 대한 자신들의 관심을 충족시킬 수 있다. 트룽파 린포체의 상급 제자들은 이들 프로그램을 통해 가르침을 펴고, 명상을 지도하는 활동을 계속해 나가고 있다. 트룽파 린포체는 불교 전통을 광범위하게 가르쳤지만 샴발라의 가르침에도 큰 중요성을 부여했다. 샴발라 전통은 종교 수행에서 벗어난 마음 훈련의 중요성을 강조하며, 사회 참여, 깨달은 사회 건설, 일상에 대한 존중 등과 같은 가치를 중시한다.

트룽파 린포체는 1987년 47세의 나이로 열반에 들었고, 아내인 다이애나와 다섯 명의 아들을 남겼다. 그리고 장남인 샤콩 미팜 린포체는 바즈라 다투(지금은 샴발라 인터내셔널이라 불림)의 종교 수장 직위를 이어 받았다. 열반에 들 무렵 트룽파 린포체는 불법을 서구에 소개한 핵심 인물로 널리 알려져 있었다. 그는 서구 문명에 대한 탁월한 통찰력과 불법에 대한 깊은 이해를 결합시킴으로써 법을 가르치는 방식에 혁신을 불러 일으켰고, 이를 통해 가장 오래되고 가장 심오한 가르침을 철저히 현대적인 방식으로 전달해 주었다. 트룽파 린포체는 두려움 없이 법을 선언하는 것으로 유명했다. 그는 머뭇거림이 없었고 전통에 충실하면서도 완전히 신선한 방식으로 가르침을 폈다. 부디 이 가르침들이 지각 있는 모든 존재들의 이익을 위해 깊이 뿌리내리고 번성하게 되기를 바란다.

찾아보기